아이가 주인공인 책

아이는 스스로 생각하고 성장합니다.
아이를 존중하고 가능성을 믿을 때
새로운 문제들을 스스로 해결해 나갈 수 있습니다.

길벗스쿨의 학습서는 아이가 주인공인 책입니다.
탄탄한 실력을 만드는 체계적인 학습법으로
아이의 공부 자신감을 높여줍니다.

가능성과 꿈을 응원해 주세요.
아이가 주인공인 분위기를 만들어 주고,
작은 노력과 땀방울에 큰 박수를 보내 주세요.
길벗스쿨이 자녀 교육에 힘이 되겠습니다.

어떤 문장이든
자신 있게 쓸 수 있어요!

30만 독자가 선택한 초등 영작 교재!
더 새로워진 《기적의 영어문장 만들기》

아이와 역할을 나눠 만화 속 대화를 읽으면서 문법 개념을 먼저 익혔어요. **영어 문장을 직접 쓰는 연습을 반복하다 보니 문장 구조를 자연스럽게 이해할 수 있어요.** 문장 만들기에 자신 없던 아이가 문장을 쓰면서 문장의 구조, 어순, 문법을 익히고 작문에도 관심을 보였어요. 자신 있게 영어 문장을 만들 수 있기를 기대합니다.

— 5학년 학부모 **혜린맘** 님

블록을 연결하듯이 단어를 늘려가며 문장을 만들어서 아이가 재미있고 쉽게 느껴요. 문법을 공부하지 않았는데 문장을 쓰면서 구문을 저절로 익히고 문법 공부도 자연스럽게 되어 정말 좋아요. 집에서도 이 책의 학습 단계를 따라 하기만 하면 기본 문법과 작문이 가능하구나 싶어요. 아이가 문장 쓰기에 자신감이 생겼답니다.

— 6학년 학부모 **꿈꾸는일상** 님

아이와 본격적으로 영문법을 공부하기 전에 함께 공부할 교재로 선택했어요. **짧고 간단한 기본 문형으로 문장의 구조를 익히니까 쉽게 시작할 수 있어요.** 이제는 아이가 어순에 맞춰 문장을 써서 혼자 쓰더라도 실수가 적어요. 문장 해석도 자연스러워졌어요. 정말 기특하네요.

— 5학년 학부모 **쿤쿠니** 님

혼자서 공부하기에 너무 좋은 책이에요. 이 책은 정말 아이가 자기주도로 공부한 교재예요. **단어가 문장 성분마다 다른 색의 블록으로 제시되어 있어서 단어가 문장에서 어떤 역할을 하는지 직관적으로 알 수 있어요.** 또 아이가 블록의 순서대로 단어를 조합하면 문장이 완성되어서 쉽게 문장을 만들 수 있었어요.

— 5학년 학부모 **프로메테우스노력** 님

영어에는 명사를 꾸며주는 말을 쓸 때 순서가 있잖아요. 엄마인 제가 영어를 배울 때는 앞 글자만 따서 'a-형-명'처럼 외웠는데 이 책에서는 블록을 색깔에 맞춰 순서대로 이으면서 영작을 훈련할 수 있더라고요. **긴 문장도 어렵지 않게 쓰고, 문장 쓰기가 그대로 말하기로 이어져서 아이 스스로도 뿌듯해했어요.**

– 3학년 학부모 커피사랑집밥 님

아이들 맞춤 라이팅 교재예요! **재미있는 만화로 무엇을 배우는지 개념을 설명하고, 알록달록 색깔 블록으로 주어, 동사, 목적어, 꾸미는 말을 구분하여 어순을 알려줍니다.** 개념을 이해하고 바로 이어서 문장을 직접 써보는 **연습으로 머릿속에 저~장! 기본 동사로 영어 문장을 쉽게 썼어요.** 영어 문장 쓰기가 어렵고 부담될 수 있으나, 이 책은 접근하기 쉽고 어렵지 않은 구성이라 아이가 부담 없이 공부한 것 같아요. 옆에서 흐뭇하고 지켜보면서 좋은 교재의 영향력을 실감했습니다.

– 4학년 학부모 미미짱 님

이 책을 완북하면서 아이가 더 이상 문장 쓰기를 어렵지 않게 생각하고 자신감을 함께 얻었어요. **재료 준비 〈 뼈대 만들기 〈 살 붙이기 단계대로 차근차근 단어를 순서에 맞춰 배열하면 슈퍼 문장과 응용 문장도 쉽게 완성할 수 있었어요.** 만화로 재미있게 개념을 익힐 수 있는 점도 좋았어요. 또래 아이들이 흔히 할 수 있는 문법 실수를 보면서 자연스럽게 배울 수 있었어요. 이 교재로 기초를 튼튼하게 다지기 해서 뿌듯하고 기쁩니다.

– 4학년 학부모 메이브리 님

초등 고학년이 되니 단어나 문법도 중요하지만, 짧은 문장이라도 쓸 수 있어야 할 것 같아서 이 책을 시작했어요. 영어를 여러 해 동안 공부했지만 아직 영어 문장 쓰기는 어려움이 많은데 이 교재로 1형식 만들기부터 연습하고 있어요. **문장을 만드는 방법을 알고 나서는 그동안 배웠던 단어와 문법을 활용해서 문장으로 만들어요.**

– 5학년 학부모 초1초5중1쏭 님

리딩, 리스닝, 스피킹, 라이팅 네 가지 영역을 다 잘하기는 힘들지만 그래도 다른 영역들은 어느 정도 실력이 느는 게 보이는데 쓰기는 어렵더라고요. **아이의 문장에는 문법 오류도 많은데 엄마인 저도 첨삭이 어려운지라 이 책으로 학습해 보기로 했어요. 뼈대 문장에서 살을 붙이는 방식이 정말 너무 쉬워서 좋네요.** 단어만 나열하면 문장이 되니 우리 아이에게 너무 딱이에요. 꾸준히 공부하면서 아이의 쓰기 실력이 늘어나는 것이 제 눈에도 보여요.

– 5학년 학부모 러브리맘 님

아이가 문법을 여전히 어려워하고 특히 의문문을 쓸 때에는 동사 위치와 형태를 헷갈려했어요. **이 책으로 공부하면서 영어 문장을 쓸 때 공식처럼 순서가 있다는 것을 알게 되었어요.** 이제는 쓰고 싶은 단어를 문장의 어느 위치에, 어떤 형태로 넣을지를 알고 문장을 만들어요.

– 6학년 학부모 신생아엄마 님

기적의 영어문장 만들기 1

길벗스쿨

저자 주선이

영어교육과 스토리텔링을 전공하였고, 전통적인 영어교수법을 다양한 매체와 접목한 영어 프로그램을 기획·개발하고 있다. 대교, 천재교육, 언어세상, 사회평론, YBM시사, NE능률, 단비교육 등과 다수의 영어 교재를 집필하고, 모바일 학습 앱 '캐치잇 잉글리시'의 콘텐츠를 개발했다. 현재 유엔젤에서 유아 영어 프로그램 'flyEng(플라잉)'의 개발 PM과 교사 교육을 총괄하고 있다.

대표 저서 《기적의 사이트 워드》, 《기적의 동사변화 트레이닝》, 《기적의 영어문장 트레이닝》, 《기적의 문법+영작》, 《바빠 영어 시제 특강》, 《초등 영어를 결정하는 파닉스와 문장》, 《초등학생 소리별 영단어》 등

기적의 영어문장 만들기 1
Miracle Series – English Sentence Building 1

개정2판 발행 · 2023년 5월 23일
개정2판 2쇄 발행 · 2023년 7월 19일

지은이 · 주선이
발행인 · 이종원
발행처 · 길벗스쿨
출판사 등록일 · 2006년 7월 1일 | **주소** · 서울시 마포구 월드컵로 10길 56 (서교동)
대표 전화 · 02)332-0931 | **팩스** · 02)323-0586
홈페이지 · www.gilbutschool.co.kr | **이메일** · gilbut@gilbut.co.kr

기획 및 책임 편집 · 김소이(soykim@gilbut.co.kr) | **표지 디자인** · 이현숙 | **본문 디자인** · 윤미주 | **제작** · 김우식
영업마케팅 · 김진성, 박선경 | **웹마케팅** · 박달님, 권은나 | **영업관리** · 정경화 | **독자지원** · 윤정아, 최희창

편집진행 및 교정 · 김미경 | **전산편집** · 연디자인 | **영문 감수** · Ryan P. Lagace | **본문삽화** · 김해진, 최정을
인쇄 · 교보피앤비 | **제본** · 경문제책 | **녹음** · YR 미디어

* 잘못 만든 책은 구입한 서점에서 바꿔 드립니다.
* 이 책은 저작권법에 따라 보호받는 저작물이므로 무단전재와 무단복제를 금합니다.
  이 책의 전부 또는 일부를 이용하려면 반드시 사전에 저작권자와 길벗스쿨의 서면 동의를 받아야 합니다.

ⓒ 주선이, 2023
ISBN 979-11-6406-512-7 64740 (길벗 도서번호 30531)
정가 14,000원

독자의 1초까지 아껴주는 길벗출판사
㈜도서출판 길벗 | IT교육서, IT단행본, 경제경영서, 어학&실용서, 인문교양서, 자녀교육서
www.gilbut.co.kr
길벗스쿨 | 국어학습서, 수학학습서, 유아학습서, 어학학습서, 어린이교양서, 학습단행본
www.gilbutschool.co.kr

길벗스쿨 공식 카페 〈기적의 공부방〉 · cafe.naver.com/gilbutschool
인스타그램 / 카카오플러스친구 · @gilbutschool

제 품 명 : 기적의 영어문장 만들기 1
제조사명 : 길벗스쿨
제조국명 : 대한민국
전화번호 : 02-332-0931
주   소 : 서울시 마포구 월드컵로
          10길 56 (서교동)
제조년월 : 판권에 별도 표기
사용연령 : 8세 이상
KC마크는 이 제품이 공통안전기준에
적합하였음을 의미합니다.

더 새로워진 기적의 영어문장 만들기

《기적의 영어문장 만들기》 2차 개정판을 통해 다시 만나게 되어 반갑습니다. 이 책은 영어를 처음 접하는 누구나 공통적으로 어려워하고 자주 틀리는 개념을 쉽고 재미있게 이해하고, 실용적인 예문으로 개념을 충분히 연습할 수 있도록 구성했습니다.

이번 개정판에서는 세련된 페이지 구성과 함께, 연습 문제와 복습 문제를 추가하여 아이들 스스로 배운 내용을 점검할 수 있도록 했습니다. 특히, 단어와 문장을 음성 파일로 제공하여 듣고 말하고 쓰는 입체적인 문법과 작문 학습이 가능합니다.

영어 작문의 기초가 되는 책!

영어 읽기를 처음 배울 때 파닉스를 배우듯 《기적의 영어문장 만들기》는 쓰기의 파닉스 과정과 같습니다. 본격적인 작문을 하기 전에 영어 문장이 이루어지는 문장 규칙을 이해하면 영어를 읽고 쓰는 것이 훨씬 쉬워집니다. 우리 책에서는 문장의 중심인 동사를 기준으로 문장 구조를 소개하고 연습하도록 구성했습니다.

단어 활용법과 문법 개념이 저절로!

'단어'라는 재료를 문장 규칙에 따라 자연스럽게 활용하는 법을 배웁니다. 단어 블록을 통한 문장 만들기 연습은 직관적으로 영어 어순을 파악하게 하고, 문장 내 단어의 위치에 따라 그 단어의 기능이 어떻게 달라지는지를 익힐 수 있게 합니다. 문법을 별도로 배우지 않고서도 이 과정을 통해 주요 문법 개념을 저절로 습득하게 됩니다.

문장 만들기는 재미있는 집 짓기 과정!

이 책에서는 문장 만들기 과정을 집 짓기에 비유하여 '재료 준비 → 뼈대 만들기 → 살 붙이기'와 같은 단계를 거치게 됩니다. 이 단계를 따라서 단어 재료를 순서대로 배치하면 '슈퍼 문장'처럼 다양하고 긴 문장을 만들거나, '변신 문장'처럼 여러 형태의 문장들도 완성할 수 있게 됩니다.

문장 구조와 규칙을 내재화하는 과정!

문장 구조와 규칙은 꾸준한 반복 훈련을 통한 내재화 과정이 필요합니다. 이 과정을 거쳐야만 영어로 빠르게 생각할 수 있고, 이는 작문뿐만 아니라 말하기로 연결될 수 있습니다. MP3를 활용하여 문장을 듣고 말하기를 함께 연습하면 영어 회화에도 큰 도움이 될 것입니다.

많은 학생들과 선생님들이 이 책을 즐겁고 유익하게 사용할 수 있기를 소망합니다.

2023년 5월 주선이

문장을 만드는 원리

1단계 재료를 준비해요!

먼저 문장의 재료가 될 단어들이 필요해요. 문장 만들기에 사용할 단어들을 미리 알아 두는 것이 좋아요.
단어들은 다음과 같이 성격에 따라 여러 종류로 나눌 수 있어요.

명사	사람이나 사물의 이름을 나타내는 말이에요. student 학생 dog 개 school 학교 book 책 water 물
대명사	사람이나 사물의 이름을 대신하여 쓰는 말이에요. I 나는 you 너는 he 그는 her 그녀를 them 그들을 our 우리의
동사	사람이나 사물의 동작이나 상태를 나타내는 말이에요. go 가다 run 달리다 live 살다 be ~이다
형용사	사람이나 사물의 상태나 성질이 어떠한지 나타내는 말이에요. 주로 '어떠한'을 뜻하는 단어들이 속해요. good 좋은 big 큰 pretty 예쁜 white 하얀
부사	동사, 형용사, 부사 등을 꾸며 주는 말이에요. 주로 '어떻게'를 뜻하는 단어들이 속해요. late 늦게 fast 빠르게 early 일찍 here 여기에
전치사	명사나 대명사 앞에 오는 말이에요. 명사나 대명사 앞에 전치사를 붙여서 장소, 시간, 목적 등을 표현할 수 있어요. to ~으로 on ~위에 in ~안에 with ~와 함께 for ~을 위해
접속사	단어와 단어, 문장과 문장을 연결해 주는 말이에요. and 그리고 but 그러나 so 그래서 or 또는

문장의 뼈대를 만들어요!

단어들을 단순히 나열한다고 문장이 되는 것은 아니에요. 문장 규칙에 맞춰 단어들을 배열해야 문장이 이루어질 수 있어요. 문장이 되려면 기본적으로 다음과 같은 문장 뼈대를 갖추어야 해요.

주어 + 동사 = I go. 나는 간다.

I   go

이렇게 주어와 동사만으로도 문장이 완성될 수 있어요. 〈주어 + 동사〉로만 이루어진 문장을 1형식 문장이라고 해요. 1형식 문장에 쓰일 수 있는 동사들로 go, come, run, walk, live, work, be, stay 등이 있어요.

문장에 살을 붙여요!

문장의 뼈대에 살을 붙여서 문장의 의미를 좀더 구체적으로 표현할 수 있어요.
살은 때에 따라 찔 수도 있고 빠질 수도 있지만, 우리 몸에서 뼈가 부족하다면 큰일 나겠지요?
영어 문장도 마찬가지예요. 문장의 살은 좀 부족해도 괜찮지만, 문장의 뼈대는 반드시 있어야 해요.

주어 + 동사 + 살(부사구) = I go to school.

I   go   to school   나는 학교에 간다.

이렇게 문장 뼈대에 부사 역할을 하는 단어들을 붙여서 의미를 좀더 확장할 수 있어요.
문장 뼈대에 붙이는 살에는 형용사구와 부사구가 있어요. 형용사구는 문장에서 형용사 역할을 하는 것을 말하고, 부사구는 문장에서 부사 역할을 하는 것을 말해요.

이 책의 특징

01 뼈대 문장에서 긴 문장으로 차근차근 배우는 단계적 학습

문장이 만들어지는 원리를 이해하여 기본 문형부터 살 붙인 슈퍼 문장까지 자신 있게 쓸 수 있습니다.
뼈대 문장에 단어를 하나씩 늘려가면서 차근차근 연습하니까 누구나 쉽게 영작할 수 있습니다.

02 문장 구조를 한눈에 파악할 수 있는 단어 블록

문장을 만드는 재료인 단어를 구별이 쉽게 색깔 블록에 넣어 문장 어순이 한눈에 파악될 수 있습니다. 단어를 순서대로 연결하기만 하면 문법을 깊이 알지 못해도 정확한 문장을 쓸 수 있습니다.

03 문법 개념을 쉽게 익힐 수 있는 재미있는 만화

만화에 핵심 문법 개념을 재미있게 녹여내어, 캐릭터들의 대화를 읽기만 해도 문법 개념을 이해할 수 있습니다. 영작할 때 자주 하는 실수에 대해 친절하게 설명하여 혼자서도 올바른 문장 쓰기가 가능합니다.

04 영어 문장이 저절로 써지는 반복&누적 설계

다양한 의미의 문장을 직접 써보는 반복 연습을 풍부하게 담아 문장 구조를 자연스럽게 익힐 수 있습니다.
새롭게 추가된 〈Review Test〉, 〈Word Test〉, 〈Final Test〉를 통해 앞에서 배운 전체 내용을 누적 점검할 수 있습니다.

부가 학습자료

Word Test

〈재료 준비하기〉에 등장하는 단어의 철자와 〈살 붙이기〉에서 배운 표현들을 정확하게 알고 있는지 다시 확인합니다.

Final Test

앞에서 배운 동사를 두 개씩 누적하여 우리말에 알맞은 영어 문장을 완성해 봅니다. 주어진 단어를 사용해 문장을 만들면서 문장 구조를 제대로 파악했는지 마무리 점검합니다.

길벗스쿨 e클래스
eclass.gilbut.co.kr

길벗스쿨 e클래스에서 온라인 퀴즈, MP3 파일 및 워크시트 다운로드 등 부가 학습자료를 이용하실 수 있습니다.

단어 따라쓰기 워크시트

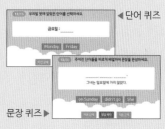

◀ 단어 퀴즈

문장 퀴즈 ▶

온라인 퀴즈

학습계획표

시작하기에 앞서 이 책의 학습 계획을 세워 보세요.

스스로 지킬 수 있는 오늘의 목표를 정하고 꾸준히 실천해 보세요.

무엇보다도 계획하고 실천하는 공부 습관을 만드는 것이 중요합니다.

동사 go	Day 1	Day 2	Day 3	Day 4	Day 5	Day 6
	문장의 뼈대 만들기 I , II	문장의 뼈대 만들기 III, IV	문장에 살 붙이기 I	문장에 살 붙이기 II	슈퍼 문장 만들기, 의문문 만들기	Challenge!, Review Test
계획한 날짜	월 일	월 일	월 일	월 일	월 일	월 일

동사 run	Day 7	Day 8	Day 9	Day 10	Day 11	Day 12
	문장의 뼈대 만들기 I , II	문장의 뼈대 만들기 III, IV	문장에 살 붙이기 I	문장에 살 붙이기 II	슈퍼 문장 만들기, 의문문 만들기	Challenge!, Review Test
계획한 날짜	월 일	월 일	월 일	월 일	월 일	월 일

동사 live	Day 13	Day 14	Day 15	Day 16	Day 17	Day 18
	문장의 뼈대 만들기 I , II	문장의 뼈대 만들기 III, IV	문장에 살 붙이기 I	문장에 살 붙이기 II	슈퍼 문장 만들기, 의문문 만들기	Challenge!, Review Test
계획한 날짜	월 일	월 일	월 일	월 일	월 일	월 일

동사 be	Day 19	Day 20	Day 21	Day 22	Day 23	Day 24
	문장의 뼈대 만들기 I , II	문장의 뼈대 만들기 III, IV	문장에 살 붙이기 I	문장에 살 붙이기 II	슈퍼 문장 만들기, 의문문 만들기	Challenge!, Review Test
계획한 날짜	월 일	월 일	월 일	월 일	월 일	월 일

차례

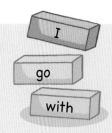

재료 준비하기 본 학습에 들어가기 전에 다음 단어들을 꼭 기억해 두세요.

인칭대명사

- 주격 -

- ✓ I 나는
- ○ you 너는, 너희들은
- ○ we 우리는
- ○ they 그들은
- ○ he 그는
- ○ she 그녀는
- ○ it 그것은

부사

- 장소 -

- ○ home 집에
- ○ there 거기에
- ○ out 밖에
- ○ abroad 외국에
- ○ upstairs 위층에
- ○ downstairs 아래층에

- 시간 -

- ○ yesterday 어제
- ○ today 오늘
- ○ tomorrow 내일

첫 번째 동사

go

단어 & 문장 듣기

명사

- ◯ bed 침대
- ◯ school 학교
- ◯ work 직장, 회사
- ◯ church 교회
- ◯ zoo 동물원
- ◯ library 도서관
- ◯ foot 발

- 교통수단 -

- ◯ bus 버스
- ◯ car 자동차
- ◯ taxi 택시
- ◯ train 기차
- ◯ subway 지하철

- 요일 -

- ◯ Monday 월요일
- ◯ Friday 금요일
- ◯ Sunday 일요일

전치사

- ◯ to (이동 방향) ~로, ~에
- ◯ by (방법, 수단) ~로
- ◯ on (요일, 날짜) ~에

개념 쏙쏙 부모님이나 선생님, 친구와 역할을 나눠서 읽어 보세요.

❶
자, 이제 본격적으로 영어 문장을 만들어 볼 거예요. 이번 주에 공부할 동사는 go예요.

go 배우러 고고씽!

❷
문장의 뼈대는 주어와 동사만으로 만들 수 있어요. 주어에 go를 합체하면 끝! 간단하죠?

주어 + 동사

❸
첫 번째 문제! '나는 간다.'를 영어 문장으로 만들어 보세요.

음…, " I am go.

❹
한 문장에 동사는 하나만 쓸 수 있어요. I am go.라고 하면 '나는 go다.'라는 어색한 뜻이 돼 버려요.

am도 동사이고, go도 동사니까 한 문장에 같이 있으면 안 돼요. 동사는 한 문장에 하나만!

❺
아, 그럼, am을 빼고 I go.

That's it!

❻
이번엔 '나는 가지 않는다.'를 만들어 볼까요?

'가지 않는다'니까 not이 있어야 할 것 같고…, go 뒤에 not을 붙여서 I go not? 아니야, I am not go.인가?

❼
go는 바로 뒤에 not을 합체해 줄 수 없어요. do not을 go 앞에 써 줘야 하죠. do not은 줄여서 don't라고 해요.

'가지 않는다'는 don't go. 그러니까 I don't go.

부정문을 만들 땐 do의 도움을 받아야 해요.

❽
Very good! 다시 한번 말해 볼까요?

I don't go.

① go 간다

영어 문장은 〈주어＋동사〉가 기본 뼈대가 돼요.

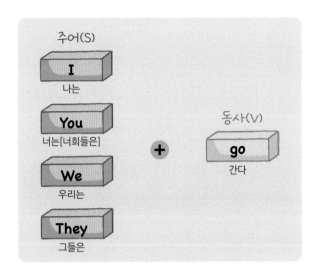

> you는 한 사람(너, 당신)이나
> 여러 사람(너희들, 당신들)의 의미로 다 쓰여요.

나는 간다.	I **go.**
너는[너희들은] 간다.	You **go.**
우리는 간다.	We **go.**
그들은 간다.	They **go.**

② don't go 가지 않는다

'가지 않는다'라고 할 땐 주어 뒤에 don't go를 붙여요.

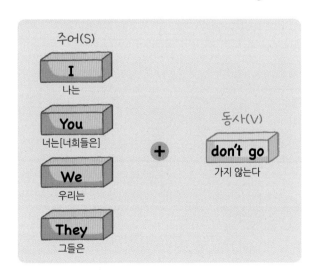

> don't는 do not을 줄인 말이에요.

나는 가지 않는다.	I **don't go.**
너는[너희들은] 가지 않는다.	You **don't go.**
우리는 가지 않는다.	We **don't go.**
그들은 가지 않는다.	They **don't go.**

주어(S)

I
You
We
They

동사(V)

go
don't go

1.
I	go
나는	간다
.

2.
나는	가지 않는다
.

3.
너는[너희들은]	간다
.

4.
너는[너희들은]	가지 않는다
.

5.
우리는	간다
.

6.
우리는	가지 않는다
.

7.
그들은	간다
.

8.
그들은	가지 않는다
.

개념 쏙쏙 부모님이나 선생님, 친구와 역할을 나눠서 읽어 보세요.

❶

선생님! '그녀는 간다.'고 할 땐 She go.라고 하지 않고 She goes.라고 하던데, 왜 그런가요?

❷
주어가 I, You, We, They일 경우는 I go. / You go. / We go. / They go. 라고 하지만, He, She, It일 경우엔 동사 뒤에 -es를 붙여야 해요.

go나 do처럼 -o로 끝나는 단어 뒤에는 -es를 붙여요!

❸
그렇군요. goes를 합체해서 She goes.

Very good!

주어 + goes

❹
이번엔 He와 It을 넣어서 문장을 만들어 볼까요?

He goes. / It goes.

❺
Great! 한 가지 더!
'그는 가지 않는다.'고 할 땐 do가 아니라 does의 도움을 받아야 해요.
그래서 go 앞에 does not을 붙여 준답니다.
does not은 줄여서 doesn't라고 해요.

❻
그럼, He don't go.가 아니라 He doesn't go.가 되는 거예요?

❼
That's it!
자, 이번에도 He와 It을 넣어서 말해 볼까요?

He doesn't go.
It doesn't go.

❽
한 가지 주의하세요!
doesn't 뒤에서는 동사 모양이 바뀌지 않아요!

doesn't goes로 말하면 안 돼요!

정리착착 단어 블록을 합체하여 문장 구조를 정리해 보세요.

1 goes 간다

주어가 He, She, It일 땐 go에 -es를 붙여서 goes라고 써요.

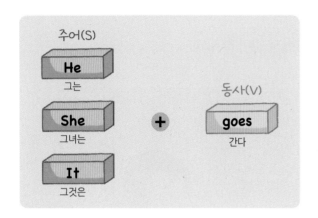

주어 It은 the dog, the bus 등을 대신해요.

그는 간다.	He **goes**.
그녀는 간다.	She **goes**.
그것은 간다.	It **goes**.

2 doesn't go 가지 않는다

'가지 않는다'라고 할 땐 주어 뒤에 doesn't go를 합체해요.

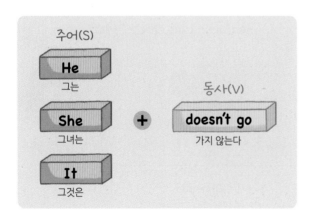

doesn't는 does not을 줄인 말이에요.

그는 가지 않는다.	He **doesn't go**.
그녀는 가지 않는다.	She **doesn't go**.
그것은 가지 않는다.	It **doesn't go**.

주어(S)

He
She
It

동사(V)

goes
doesn't go

go는 <주어 + go>의 형태로
문장의 뼈대를 만든다는 거,
꼭 기억하세요!

1.

그는 / 간다

2.

그는 / 가지 않는다

3.

그녀는 / 간다

4.

그녀는 / 가지 않는다

5.

그것은 / 간다

6.

그것은 / 가지 않는다

개념 쏙쏙 부모님이나 선생님, 친구와 역할을 나눠서 읽어 보세요.

① 민준이는 went가 무슨 뜻인지 알아요?

모양이 비슷해서 전 항상 went와 want가 헷갈려요.

② went는 '갔다', want는 '원하다'는 뜻이에요. went와 want 중 go와 관련 있는 것은 뭘까요?

그야 당연히 '갔다' went죠.

③ went 역시 주어에 went만 합체하면 문장이 돼요! 자, '나는 갔다.'를 만들어 볼까요?

주어 + went

④ 음…, I go went.라고 하면 될지….

'나는 가다 갔다'? 문장이 좀 이상한데.

⑤ 헤헤, I go.를 너무 많이 연습했나 봐요. go를 빼고 I went.

That's it! 동사 went는 주어가 He나 She도 went!

⑥ 근데, 선생님. '가지 않았다.'라고 할 땐 do나 does 말고 다른 단어가 도와줄 것 같아요.

맞아요. 이땐 did not을 써요. 줄여서 didn't라고 하죠.

과거 부정문을 만들 땐 did가 도와줘요.

⑦ 앗싸~! 그럼, I didn't went.라고 하면 되겠네요?

didn't 뒤에는 went가 아니라 항상 go를 써요.

went도 didn't 뒤에 올 땐 항상 go로 써야 해요.

⑧ 아하! '가지 않았다'는 didn't go! 그러니까 I didn't go!

Great!

❶ went 갔다

과거 동사 went로 문장을 만들 땐 주어 뒤에 went를 합체해 주면 돼요.

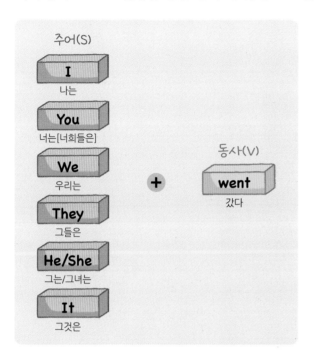

나는 갔다.	I **went**.
너는[너희들은] 갔다.	You **went**.
우리는 갔다.	We **went**.
그들은 갔다	They **went**.
그는 갔다.	He **went**.
그녀는 갔다.	She **went**.
그것은 갔다.	It **went**.

❷ didn't go 가지 않았다

'가지 않았다'라고 할 땐 did의 도움을 받아서 didn't go로 표현해요.

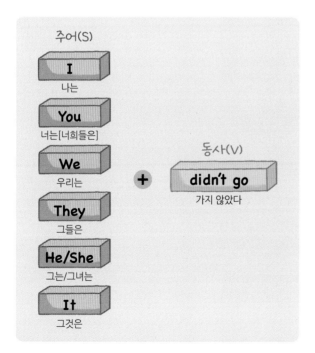

나는 가지 않았다.	I **didn't go**.
너는[너희들은] 가지 않았다.	You **didn't go**.
우리는 가지 않았다.	We **didn't go**.
그들은 가지 않았다.	They **didn't go**.
그는 가지 않았다.	He **didn't go**.
그녀는 가지 않았다.	She **didn't go**.
그것은 가지 않았다.	It **didn't go**.

주어(S)

I
You
We
They
He
She
It

동사(V)

went
didn't go

주어가 무엇이든 went의
모양은 바뀌지 않아요.
하지만 didn't 뒤에는
항상 go를 써야 하죠!

1.

나는   갔다 .

2.

너는[너희들은]   가지 않았다 .

3.

우리는   갔다 .

4.

그들은   가지 않았다 .

5.

그는   갔다 .

6.

그녀는   가지 않았다 .

7.

그것은   갔다 .

8.

나는   가지 않았다 .

9.

그들은   갔다 .

10.

그는   가지 않았다 .

개념 쏙쏙 부모님이나 선생님, 친구와 역할을 나눠서 읽어 보세요.

❶ 지난 시간에 배운 거 잠깐 복습해 볼까요? go로 문장을 만들 때 뼈대를 어떻게 만든다고 했죠?

음….

❷ 아! 주어에 go를 합체해 줘요. 주어에 따라 go 대신에 goes가 오기도 하고요. 또 과거 동사 went를 합체할 수도 있어요!

Very good! 오늘 공부할 will go도 마찬가지예요.

❸ '갈 것이다'라고 할 때 will을 go와 합체해서 will go라고 하는 거예요.

헐! will go는 또 뭐예요?

❹ 그럼, will go도 주어 다음에 써 주면 되는 거죠?

That's it!

주어 + will go

❺ I will go.
She will go.
They will go.

Perfect!

주어가 무엇이든 will go의 모양은 바뀌지 않아요.

부정으로, '나는 가지 않을 것이다.'는 어떻게 표현할까요?

❻ 어…, do의 도움을 받아야 하니까 don't를 써 주면 되나요? I will don't go?

❼ Good guess! will go에서는 will 뒤에 not을 바로 써요. will not을 줄여서 won't라고 해요.

will go의 부정문을 만들 땐 will 뒤에 not을 붙여요.

❽ 그럼, I won't go.
She won't go.
They won't go.

Good job!

① will go 갈 것이다

'갈 것이다'라고 할 땐 주어 뒤에 will go를 합체해요.

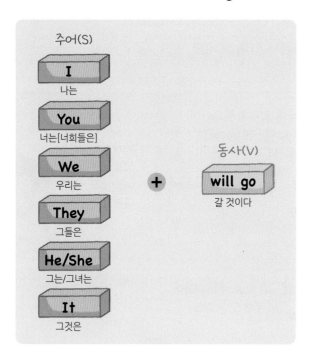

나는 갈 것이다.	**I will go.**
너는[너희들은] 갈 것이다.	You **will go.**
우리는 갈 것이다.	We **will go.**
그들은 갈 것이다.	They **will go.**
그는 갈 것이다.	He **will go.**
그녀는 갈 것이다.	She **will go.**
그것은 갈 것이다.	It **will go.**

② won't go 가지 않을 것이다

'가지 않을 것이다'라고 할 땐 won't를 붙여서 won't go라고 써야 해요.

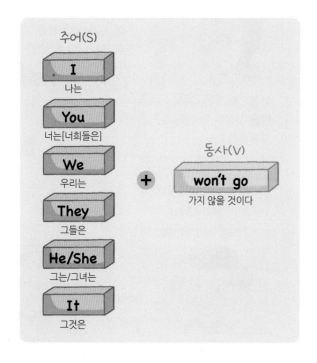

> won't는 will not을 줄인 말이에요.

나는 가지 않을 것이다.	**I won't go.**
너는[너희들은] 가지 않을 것이다.	You **won't go.**
우리는 가지 않을 것이다.	We **won't go.**
그들은 가지 않을 것이다.	They **won't go.**
그는 가지 않을 것이다.	He **won't go.**
그녀는 가지 않을 것이다.	She **won't go.**
그것은 가지 않을 것이다.	It **won't go.**

주어(S)

I
You
We
They
He
She
It

동사(V)

will go
won't go

1.
　　　나는　　　　　　　　　갈 것이다

2.
　　너는[너희들은]　　　　　가지 않을 것이다

3.
　　　우리는　　　　　　　　갈 것이다

4.
　　　그들은　　　　　　　가지 않을 것이다

5.
　　　그는　　　　　　　　　갈 것이다

6.
　　　그녀는　　　　　　　가지 않을 것이다

7.
　　　그것은　　　　　　　　갈 것이다

8.
　　　나는　　　　　　　　가지 않을 것이다

9.
　　　그들은　　　　　　　　갈 것이다

10.
　　　그는　　　　　　　　가지 않을 것이다

개념 쏙쏙 부모님이나 선생님, 친구와 역할을 나눠서 읽어 보세요.

❶ 선생님! '나는 간다, 가지 않는다'만 하니까 좀 재미없어요.

그럼, home을 이용해서 '나는 집에 간다.'라는 문장을 만들어 볼까요?

❷ 어…, 그게…, 음…, I home go.

영어는 우리말과 순서가 달라요. 항상 주어 뒤에 동사가 먼저 와야 해요.

나는 집에 간다.
I go home.

❸ 그럼, home이 맨 끝에 와요? I go home. 이렇게요?

That's right!

❹ '나는 등교했다.' 즉 '나는 학교에 갔다.'를 영어로 쓸 땐 순서가 어떻게 될까요?

주어가 '나는', 동사가 '갔다'니까 '나는, 갔다, 학교에'가 되겠네요?

❺ Good! 영어로 말해 볼까요? '(어디)에'라고 할 땐 to를 써요.

음…, school에 to를 붙여서 I went school to.

전치사 to는 '(어디)에'라는 뜻이에요.

❻ 이때도 우리말과 순서가 다르답니다. to 뒤에 school이 와서 to school이 되죠. 이런 건 그냥 통째로 익혀 두세요.

to + school
~에   학교

나는 학교에 갔다.
I went to school.

❼ He goes to school.
They went to school.
I will go to school.

Great!

① 장소 표현

go 뒤에 다양한 장소 표현을 붙여 보세요.

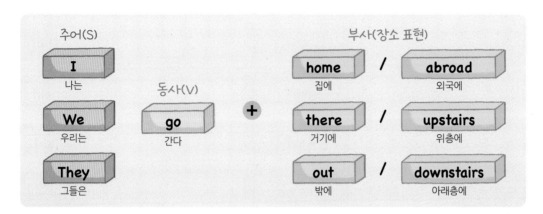

나는 **집에** 간다.   I go **home**.

우리는 **밖에** 나간다(외출한다).   We go **out**.

그들은 **외국에** 간다.   They go **abroad**.

> go out은 '외출하다'라는 뜻이에요.

② to + 장소 표현

이번엔 to가 필요한 장소 표현들을 붙여 보세요.

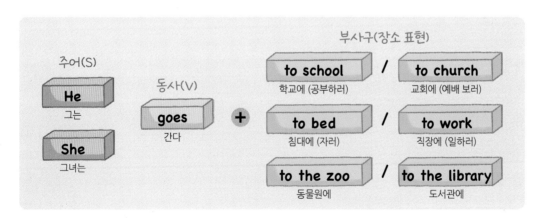

그는 **학교에** 간다(등교한다).   He goes **to school**.

그녀는 **동물원에** 간다.   She goes **to the zoo**.

그는 **도서관에** 간다.   He goes **to the library**.

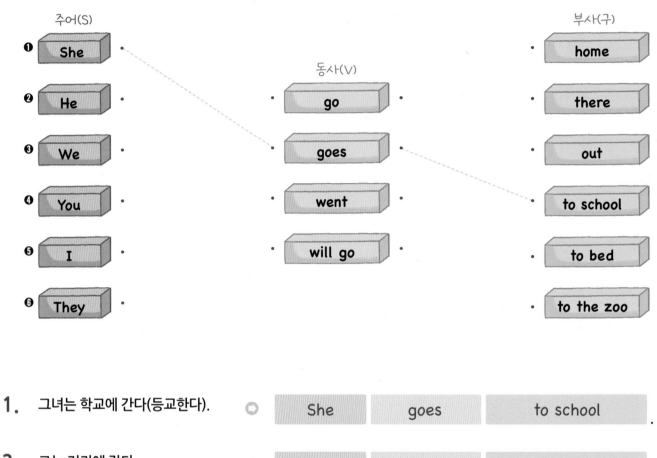

1. 그녀는 학교에 간다(등교한다). ⟹ | She | goes | to school | .

2. 그는 거기에 갔다. ⟹ | | | | .

3. 우리는 밖에 나갔다(외출했다). ⟹ | | | | .

4. 너는 동물원에 갈 것이다. ⟹ | | | | .

5. 나는 집에 간다. ⟹ | | | | .

6. 그들은 자러 갈 것이다. ⟹ | | | | .

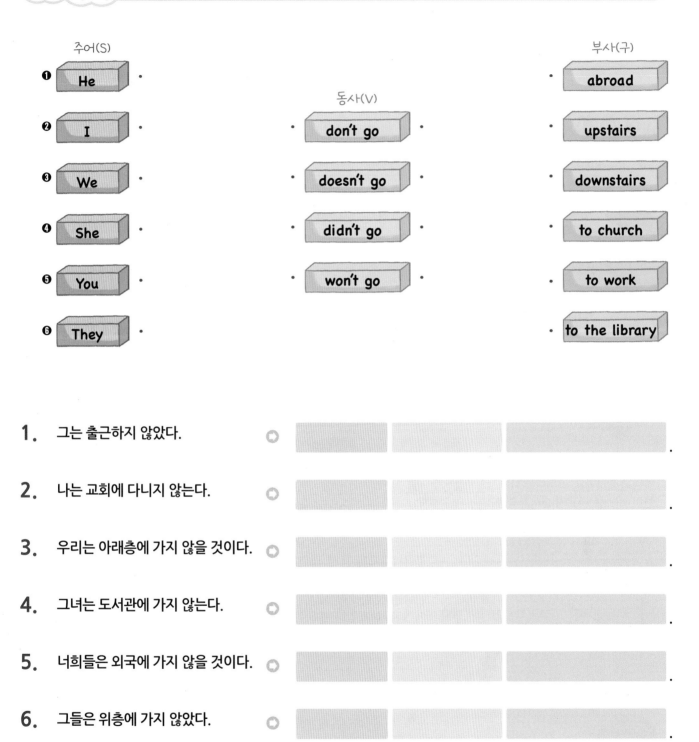

1. 그는 출근하지 않았다. ⟳

2. 나는 교회에 다니지 않는다. ⟳

3. 우리는 아래층에 가지 않을 것이다. ⟳

4. 그녀는 도서관에 가지 않는다. ⟳

5. 너희들은 외국에 가지 않을 것이다. ⟳

6. 그들은 위층에 가지 않았다. ⟳

개념 쏙쏙 부모님이나 선생님, 친구와 역할을 나눠서 읽어 보세요.

❶ 선생님! 우리 내일 뭐 타고 가요?
버스? 아님 지하철로 가요?

버스 타고 가지요.

❷ 오늘은 go에 교통수단을 나타내는 살을 붙여 봐요. 재밌겠죠?

뭐, 글쎄요….

❸ by bus는 '버스로, 버스를 타고'라는 의미예요. 그럼, '나는 버스를 타고 간다.'는 어떻게 표현할까요?

으~~, 갑자기 머리에 쥐가 나네.

❹ 어, 그게…, I by bus go. 아닌가요?

아니죠~. 주어 뒤에 항상 동사를 먼저 쓴다고 했잖아요. 그러니까 '나는, 간다, 버스를 타고'의 순서가 맞겠죠?

❺ 그럼, by bus가 맨 끝에 와야겠네요. I go by bus. 이렇게요.

That's it! bus 대신에 train, car, taxi도 쓸 수 있어요.

나는 버스를 타고 간다.

I   go   by bus.

❻ 단, '걸어서'라고 할 땐 on foot 이라고 해요. by가 아니라 on을 쓴다는 거, 잊지 마세요! 자, '나는 어제 갔다.'를 말해 볼까요?

헤헤, 그건 쉬워요. I went yesterday.

❼ Perfect! 이번엔 '나는 일요일에 갈 것이다.'를 해볼까요?

I will go Sunday.

❽ 음, 하나가 빠졌어요. '일요일에'라고 할 땐 on을 넣어서 on Sunday라고 해야 해요.

아~, 그럼, I will go on Sunday.

요일 앞에는 항상 전치사 on을 써요.

① 방법 표현

교통수단을 나타내는 표현을 붙여서 '어떻게 가는지' 나타낼 수 있어요. 교통수단 앞에는 전치사 by를 써 줘요. 단, '걸어서'라고 할 땐 by 대신에 on을 붙여서 on foot으로 표현해요.

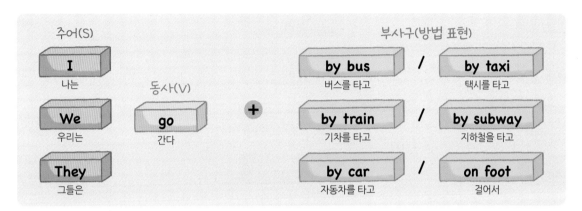

나는 **버스를 타고** 간다.	I go **by bus**.
우리는 **자동차를 타고** 간다.	We go **by car**.
그들은 **걸어서** 간다.	They go **on foot**.

② 시간 표현

때나 요일을 나타내는 표현을 붙여서 '언제 가는지' 나타낼 수 있어요. 요일 앞에는 전치사 on을 써 줘요. 하지만 yesterday, today, tomorrow 앞에는 전치사가 필요없어요.

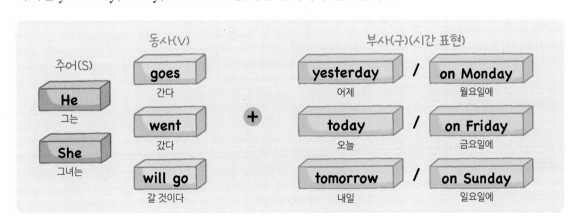

그는 **어제** 갔다.	He went **yesterday**.
그녀는 **금요일에** 간다.	She goes **on Friday**.
그는 **내일** 갈 것이다.	He will go **tomorrow**.

> ❗ 요일은 첫 글자를 항상 대문자로 써요.

주어(S)

❶ They

❷ He

❸ We

❹ I

❺ She

❻ You

동사(V)

go

goes

went

will go

부사(구)

by bus

by train

by car

yesterday

today

tomorrow

1. 그들은 버스로 간다.

2. 그는 오늘 간다.

3. 우리는 어제 갔다.

4. 나는 기차로 갔다.

5. 그녀는 자동차로 간다.

6. 너는 내일 갈 것이다.

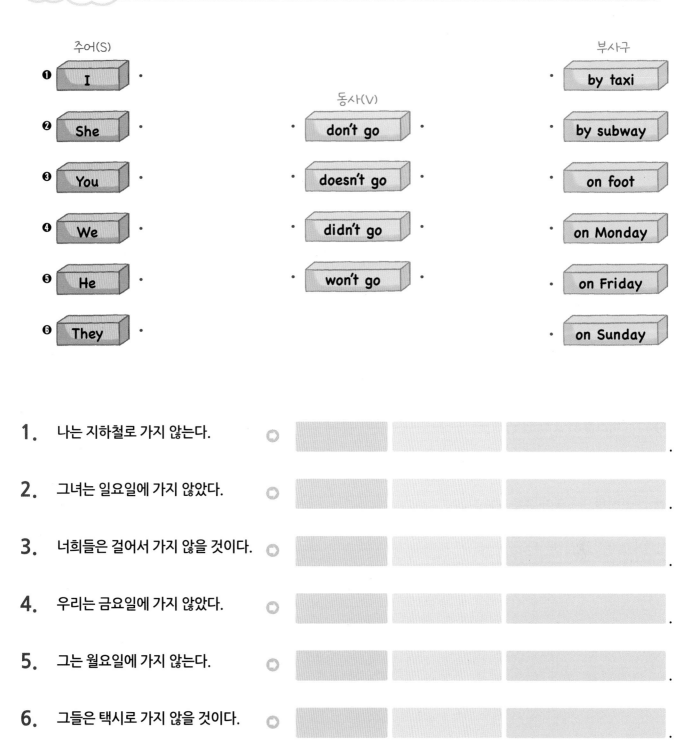

주어(S)

❶ I

❷ She

❸ You

❹ We

❺ He

❻ They

동사(V)

don't go

doesn't go

didn't go

won't go

부사구

by taxi

by subway

on foot

on Monday

on Friday

on Sunday

1. 나는 지하철로 가지 않는다.

2. 그녀는 일요일에 가지 않았다.

3. 너희들은 걸어서 가지 않을 것이다.

4. 우리는 금요일에 가지 않았다.

5. 그는 월요일에 가지 않는다.

6. 그들은 택시로 가지 않을 것이다.

슈퍼 문장 만들기

정리착착 문장 뼈대에 단어 블록들을 하나씩 합체하면서 문장 구조를 정리해 보세요.

여러 개의 부사(구)를 합체할 땐 주로 〈장소 + 방법 + 시간〉의 순서로 합체해요.

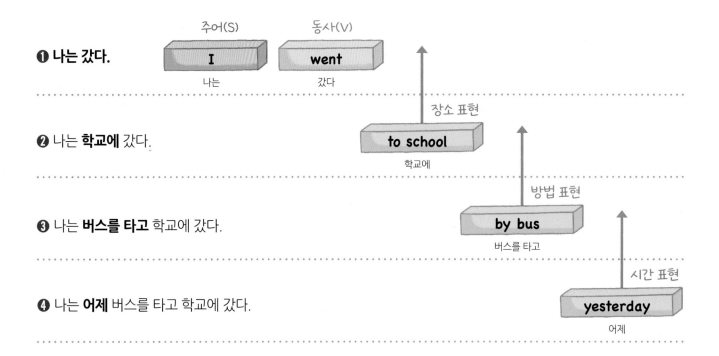

주어(S)　　　동사(V)

❶ 나는 갔다.　　I (나는)　went (갔다)

장소 표현

❷ 나는 **학교에** 갔다.　to school (학교에)

방법 표현

❸ 나는 **버스를 타고** 학교에 갔다.　by bus (버스를 타고)

시간 표현

❹ 나는 **어제** 버스를 타고 학교에 갔다.　yesterday (어제)

나는 어제 버스를 타고 학교에 갔다.

○　I　went　to school　by bus　yesterday

슈퍼
문장

1. ❶ 나는 간다.

    ❷ 나는 **집에** 간다.

    ❸ 나는 **버스로** 집에 간다.

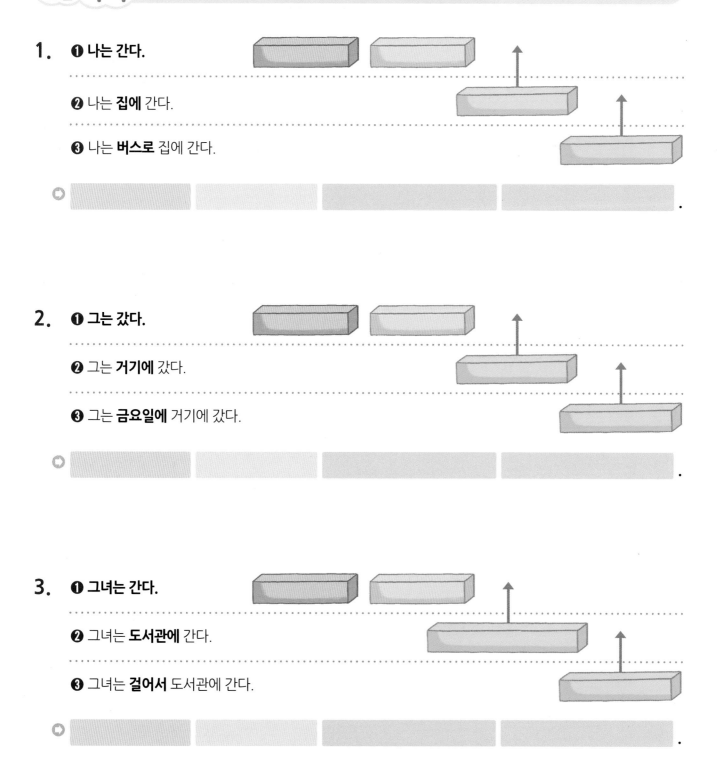

2. ❶ 그는 갔다.

    ❷ 그는 **거기에** 갔다.

    ❸ 그는 **금요일에** 거기에 갔다.

3. ❶ 그녀는 간다.

    ❷ 그녀는 **도서관에** 간다.

    ❸ 그녀는 **걸어서** 도서관에 간다.

4. ❶ **우리는 갈 것이다.**

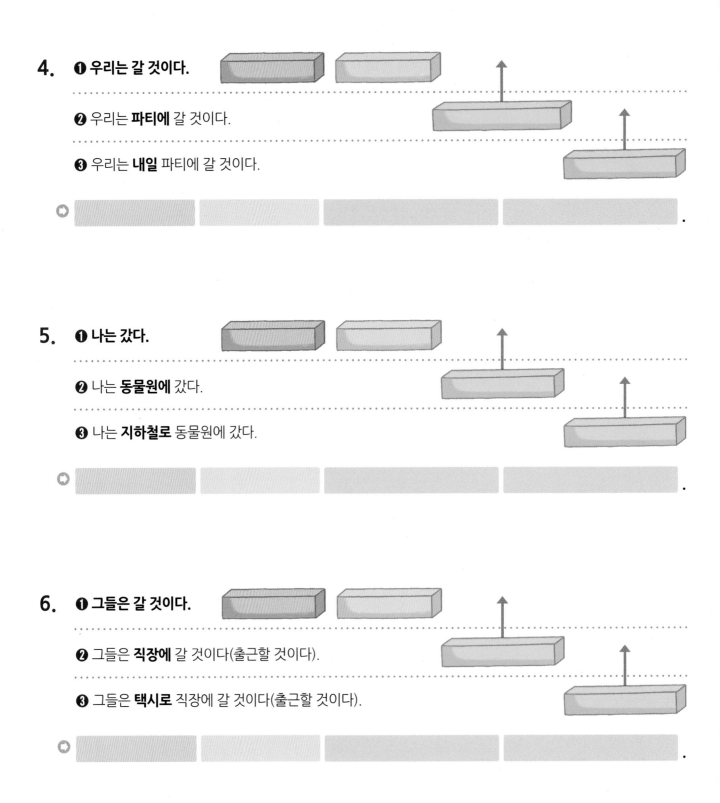

❷ 우리는 **파티에** 갈 것이다.

❸ 우리는 **내일** 파티에 갈 것이다.

.

5. ❶ **나는 갔다.**

❷ 나는 **동물원에** 갔다.

❸ 나는 **지하철로** 동물원에 갔다.

.

6. ❶ **그들은 갈 것이다.**

❷ 그들은 **직장에** 갈 것이다(출근할 것이다).

❸ 그들은 **택시로** 직장에 갈 것이다(출근할 것이다).

.

의문문 만들기

① Do/Does + 주어 + go?

'가니?, 갑니까?'라고 물을 땐 주어에 따라 Do나 Does의 도움을 받아야 해요. Do나 Does를 문장 맨 앞에 쓰고 맨 끝에 물음표를 써 주세요. 이때 동사는 항상 go를 써요.

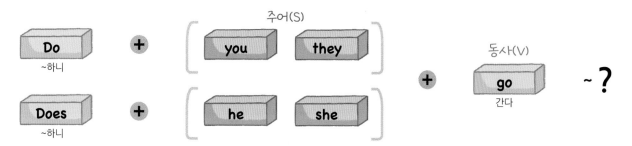

1. 당신은 걸어서 출근하세요?

○ ＿＿＿ ＿＿＿ ＿＿＿ ＿＿＿ ＿＿＿ ? ◀ Yes, I do.

2. 그들은 토요일마다 학교에 가니?

○ ＿＿＿ ＿＿＿ ＿＿＿ ＿＿＿ on Saturdays ? ◀ Yes, they do.

3. 너희들은 일요일마다 도서관에 가니?

○ ＿＿＿ ＿＿＿ ＿＿＿ ＿＿＿ on Sundays ? ◀ No, we don't.

4. 그는 자동차로 출근하나요?

○ ＿＿＿ ＿＿＿ ＿＿＿ ＿＿＿ ＿＿＿ ? ◀ Yes, he does.

5. 그녀는 토요일마다 외출하니?

○ ＿＿＿ ＿＿＿ ＿＿＿ ＿＿＿ on Saturdays ? ◀ Yes, she does.

6. 그는 일찍 잠자리에 듭니까?

○ ＿＿＿ ＿＿＿ ＿＿＿ ＿＿＿ early ? ◀ No, he doesn't.

② Did + 주어 + go?

'갔니?, 갔나요?'라고 물을 땐 주어가 단수이든 복수이든 상관없이 Did를 문장 맨 앞에 써요.

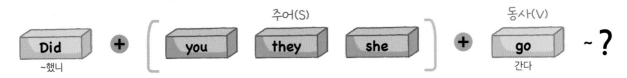

1. 너는 버스를 타고 학교에 갔니?

⇨ [＿＿＿＿＿＿＿＿＿＿＿＿＿＿＿＿] ?   Yes, I did.

2. 그들은 걸어서 집에 갔니?

⇨ [＿＿＿＿＿＿＿＿＿＿＿＿＿＿＿＿] ?   Yes, they did.

3. 그녀는 어제 출근했나요?

⇨ [＿＿＿＿＿＿＿＿＿＿＿＿＿＿＿＿] ?   No, she didn't.

③ Will + 주어 + go?

'갈 거니?, 갈 건가요?'라고 물을 땐 주어에 상관없이 Will을 문장 맨 앞에 써요.

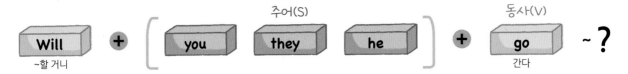

1. 너희들은 오늘 공원에 갈 거니?

⇨ [＿＿＿＿＿＿ to the park ＿＿] ?   Yes, we will.

2. 그들은 방과 후에 도서관에 갈 건가요?

⇨ [＿＿＿＿＿＿＿＿ after school] ?   No, they won't.

3. 그는 내일 학교에 갈 거니?

⇨ [＿＿＿＿＿＿＿＿＿＿＿＿＿＿＿＿] ?   No, he won't.

동사 come을 이용하여 문장을 만들어 보세요.

온다	come
	comes
왔다	came
올 것이다	will come

긍정문

1. 나는 버스를 타고 집에 온다.

◯ _____ _____ _____ _____ .

2. 그녀는 월요일에 여기에 온다.

◯ _____ _____ here _____ .

3. 그들은 다음 주에 집에 올 거예요.

◯ _____ _____ _____ next week .

4. 그가 오늘 학교에 왔어요.

◯ _____ _____ _____ _____ .

5. 우리는 금요일마다 도서관에 온다.

◯ _____ _____ _____ on Fridays .

6. 그녀는 어제 돌아왔다.

◯ _____ _____ back _____ .

오지 않는다	don't come
	doesn't come
오지 않았다	didn't come
오지 않을 것이다	won't come

부정문

1. 그는 제시간에 출근하지 않아요.
⟹ ⬜ ⬜ ⬜ on time .

2. 그들이 매일 위층으로 (올라)오진 않을 거예요.
⟹ ⬜ ⬜ ⬜ every day .

3. 나는 학교에 일찍 오지 않는다.
⟹ ⬜ ⬜ ⬜ early .

4. 그녀는 내일 동물원에 오지 않을 거예요.
⟹ ⬜ ⬜ ⬜ ⬜ .

5. 우리는 어제 여기 오지 않았다.
⟹ ⬜ ⬜ here ⬜ .

6. 그들은 지난주에 도서관에 오지 않았다.
⟹ ⬜ ⬜ ⬜ last week .

오니?	Do ~ come?
	Does ~ come?
왔니?	Did ~ come?
올 거니?	will ~ come?

의문문

1. 그들은 곧 돌아올 건가요?

> ☞ [ ] [ ] [ ] [back] [soon] ?

2. 그녀는 걸어서 집에 오나요?

> ☞ [ ] [ ] [ ] [ ] [ ] ?

3. 그는 기차를 타고 여기에 왔니?

> ☞ [ ] [ ] [ ] [here] [ ] ?

4. 너는 내일 파티에 올 거니?

> ☞ [ ] [ ] [ ] [to the party] [ ] ?

5. 너희들은 어제 도서관에 왔니?

> ☞ [ ] [ ] [ ] [ ] [ ] ?

6. 그들은 지하철로 출근하나요?

> ☞ [ ] [ ] [ ] [ ] [ ] ?

REVIEW TEST

A. 우리말 뜻에 알맞게 동사 go와 come을 이용하여 빈칸을 채우세요.

1.

간다	가지 않는다	가니?
_____ / goes	_____ /doesn't go	Do/_____ ~ go?
갔다	가지 않았다	갔니?
_____	_____ go	Did ~ _____ ?
갈 것이다	가지 않을 것이다	갈 거니?
_____ go	_____ _____	_____ ~ go?

2.

온다	오지 않는다	오니?
come / _____	don't/_____ come	_____ /Does ~ come?
왔다	오지 않았다	왔니?
_____	_____	Did ~ _____ ?
올 것이다	오지 않을 것이다	올 거니?
_____ come	_____ _____	_____ ~ _____ ?

B. 주어진 단어를 순서대로 배열해 보세요.

> 문장의 첫 글자는 대문자로 쓰고, 문장 끝에 문장 부호를 쓰세요.

3. bed | to | he | went

> _____

4. goes | to | she | work

> _____

5. the | will | we | to | go | zoo

> _____

6. didn't | they | yesterday | come

> _____

C. 주어진 문장을 지시대로 바꾸어 쓰세요.

7. I go to school by bus.

    부정문 →

8. He doesn't go upstairs.

    긍정문 →

9. She went out on Friday.

    의문문 →

10. They will come to the party.

    의문문 →

D. 주어진 단어들을 이용하여 우리말에 맞게 문장을 완성해 보세요.

11. 그들은 내일 돌아오지 않을 것이다. ·················· tomorrow | back

    →

12. 너는 매일 도서관에 가니? ·················· every day | library

    →

13. 그는 토요일마다 출근하지 않는다. ·················· work | Saturdays

    →

맞힌 개수 :

/13 개

재료 준비하기 본 학습에 들어가기 전에 다음 단어들을 꼭 기억해 두세요.

명사

- ✔ **gym** 체육관
- ○ **bank** 은행
- ○ **house** 집
- ○ **store** 가게
- ○ **bathroom** 화장실
- ○ **hallway** 복도
- ○ **bus station** 버스 정류장

- ○ **river** 강
- ○ **beach** 해변
- ○ **street** 길, 거리
- ○ **park** 공원
- ○ **playground** 운동장
- ○ **morning** 아침
- ○ **evening** 저녁
- ○ **night** 밤

run

단어 & 문장 듣기

형용사, 부사

○ every 매~, ~마다

○ hard 열심히

○ fast 빨리

○ again 다시

○ slowly 천천히

전치사

○ at ~에

○ in ~에서, ~ 안에

○ to ~까지

○ along ~을 따라

개념 쏙쏙 부모님이나 선생님, 친구와 역할을 나눠서 읽어 보세요.

❶ 영어 문장 만들기가 너무 재밌죠?

아니요, 전 나가서 뛰어노는 게 더 좋아요.

❷ 어머! 이번 주에 배울 동사가 바로 '뛰다' run인걸 어떻게 알았지요? 이제 보니 민준이가 좋아하는 동사네요.

잉?

❸ go로 문장을 만들 때 뼈대가 어떻게 된다고 했죠?

<주어 + go>요.

❹ 맞아요. run도 똑같아요. '나는 달린다.'를 말해 볼까요?

음…, I am run.

❺ I am이라고 말하는 게 습관이 돼 버렸네요! am도 다른 뜻을 가진 동사라고 했죠? 한 문장에 동사는 하나만!

주어 + run

❻ 아, 맞다! am을 빼고 I run.

❼ 이번엔 '나는 달리지 않는다.'를 어떻게 표현할지 물어보실 거죠? '달리지 않는다'는 run 뒤에 not을 합체! 그래서 I run not!

땡! 틀렸어요!

❽ run도 부정문을 만들 땐 do의 도움을 받아서 do not을 run 앞에 써 줘야 해요. do not은 줄여서 don't!

에이, 자꾸 까먹네. don't, don't! 그러니까 I don't run!

❾ Very good! 이젠 잘 기억할 수 있겠죠?

그럼요! 절대 안 까먹을 거예요!

① run 달린다

주어(I, You, We, They) 뒤에 동사 run을 붙이면 문장의 뼈대가 완성돼요.

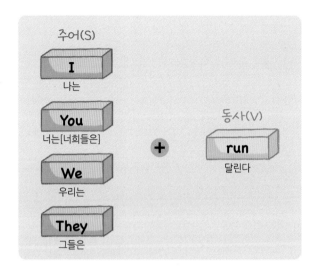

나는 달린다.	I **run**.
너는[너희들은] 달린다.	You **run**.
우리는 달린다.	We **run**.
그들은 달린다.	They **run**.

② don't run 달리지 않는다

'달리지 않는다'라고 할 땐 do의 도움을 받아서 주어 뒤에 don't run을 붙여요.

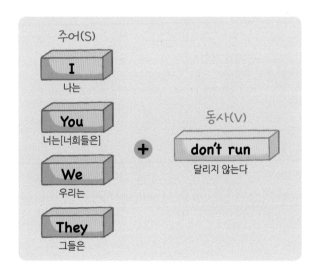

나는 달리지 않는다.	I **don't run**.
너는[너희들은] 달리지 않는다.	You **don't run**.
우리는 달리지 않는다.	We **don't run**.
그들은 달리지 않는다.	They **don't run**.

주어(S)

I
You
We
They

동사(V)

run
don't run

1.

나는   달린다   .

2.

나는   달리지 않는다   .

부정문을 만들 땐 do의
도움을 받아야 해요!

3.

너는[너희들은]   달린다   .

4.

너는[너희들은]   달리지 않는다   .

5.

우리는   달린다   .

6.

우리는   달리지 않는다   .

7.

그들은   달린다   .

8.

그들은   달리지 않는다   .

개념 쏙쏙 부모님이나 선생님, 친구와 역할을 나눠서 읽어 보세요.

❶ go가 주어 He, She, It과 만났을 때 goes로 변신했던 거 기억나요?

그럼요!
He goes. / She goes. / It goes.

❷ 동사 run은 주어 He, She, It과 만나면 runs가 돼요. -es가 아니라 -s를 붙이는 거죠. 왜 그럴까요?

❸ 잘 모르겠어요. go-goes, run-runs 왜 서로 다르게 붙이는 거죠?

❹ 동사가 끝나는 모양에 따라 -s 또는 -es를 붙여요. 억지로 외우지 말고 goes, runs 이렇게 통째로 익혀 둬요. 차츰 규칙을 알게 될 거예요.

이런, 맙소사!

❺ '그는 달린다. / 그녀는 달린다. / 그것은 달린다.'고 하려면 He runs. / She runs. / It runs.라고 해야겠네요?

주어 + runs

That's it! 주어가 He, She, It일 경우, '달리지 않는다'라고 할 땐 does의 도움을 받아요.

❻ 어…, 그럼, doesn't를 붙여야죠?

❼ Right! 주어가 I, You, We, They일 경우에는 don't를 쓰고, 주어가 He, She, It일 땐 doesn't를 써요.

❽ '그녀는 달리지 않는다.'는 She doesn't runs.

땡! don't나 doesn't 뒤에 동사를 쓸 땐 -s나 -es가 붙지 않아요.

doesn't runs가 아니라 doesn't run 이에요!

❾ 에이, 저도 안다고요! 그냥 한번 모른 척 해본 거예요. 히히. She doesn't run.

① runs 달린다

주어가 He, She, It일 땐 run에 -s를 붙여서 runs라고 쓴답니다.

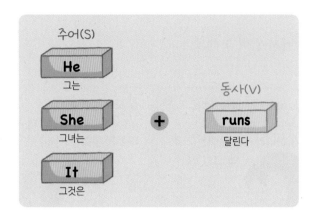

그는 달린다.	He **runs**.
그녀는 달린다.	She **runs**.
그것은 달린다.	It **runs**.

② doesn't run 달리지 않는다

'달리지 않는다'라고 할 땐 doesn't run을 합체해요.

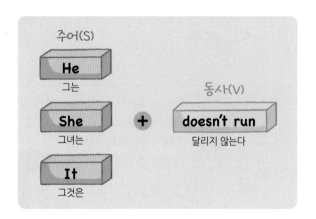

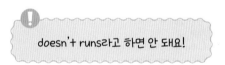

doesn't runs라고 하면 안 돼요!

그는 달리지 않는다.	He **doesn't run**.
그녀는 달리지 않는다.	She **doesn't run**.
그것은 달리지 않는다.	It **doesn't run**.

주어(S)

He
She
It

동사(V)

runs
doesn't run

1.

그는   달린다 .

2.

그는   달리지 않는다 .

3.

그녀는   달린다 .

4.

그녀는   달리지 않는다 .

5.

그것은   달린다 .

6.

그것은   달리지 않는다 .

주어 It이 가리키는 것은
경우에 따라 the dog,
the bus 등이 될 수 있어요.

문장의 뼈대 만들기 Ⅲ ran과 didn't run

개념 쏙쏙 부모님이나 선생님, 친구와 역할을 나눠서 읽어 보세요.

❶ 선생님! 그게 사실이에요?

뭐가요?

❷ run이 '달렸다'라고 할 땐 ran으로 변신한다는 게 사실이냐고요?

맞아요. '달렸다'라고 할 때 run은 ran으로 변신해요.

❸ 정말 너무해요! go는 went로 변신하고, run은 ran으로 모양이 달라지면 외울 게 너무 많잖아요!

❹ 규칙 동사들이 훨씬 더 많으니 안심해요.

정말이에요?

❺ '달렸다' ran으로 문장의 뼈대를 만드는 것도 run과 똑같아요. 주어에 ran을 합체! '나는 달렸다.'를 영어 문장으로 만들어 봐요.

주어 I와 ran을 합체하면 I ran.

주어 + ran

❻ Great! 그럼, '그녀는 달렸다.'는?

주어가 She니까 동사에 -s를 붙여서 She rans.

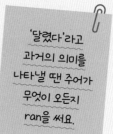

'달렸다'라고 과거의 의미를 나타낼 땐 주어가 무엇이 오든지 ran을 써요.

❼ 아~, 그럼, She ran.

❽ That's it! '나는 달리지 않았다.'는 과거거니까 과거형 did의 도움을 받아 didn't를 합체해요.

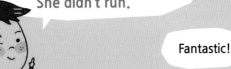

❾ 아하! 그럼, I didn't run.이 되겠네요. 주어가 He, She일 때도 He didn't run. She didn't run.

Fantastic!

① **ran** 달렸다

주어 뒤에 과거 동사 ran을 합체해요.

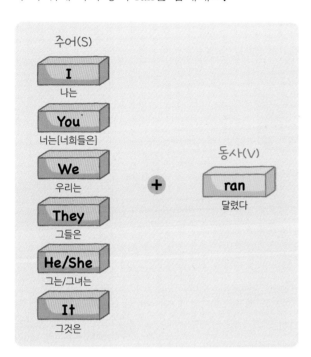

'달렸다'라고 말할 땐 주어가
무엇이든 항상 ran이에요!

나는 달렸다.	I **ran**.
너는[너희들은] 달렸다.	You **ran**.
우리는 달렸다.	We **ran**.
그들은 달렸다.	They **ran**.
그는 달렸다.	He **ran**.
그녀는 달렸다.	She **ran**.
그것은 달렸다.	It **ran**.

② **didn't run** 달리지 않았다

'달리지 않았다'라고 할 땐 주어 뒤에 didn't run을 합체하면 돼요.

나는 달리지 않았다.	I **didn't run**.
너는[너희들은] 달리지 않았다.	You **didn't run**.
우리는 달리지 않았다.	We **didn't run**.
그들은 달리지 않았다.	They **didn't run**.
그는 달리지 않았다.	He **didn't run**.
그녀는 달리지 않았다.	She **didn't run**.
그것은 달리지 않았다.	It **didn't run**.

주어(S)

I
You
We
They
He
She
It

동사(V)

ran
didn't run

1. _____ _____ .
　　　 나는　　　　　　　　　 달렸다

2. _____ _____ .
　 너는[너희들은]　　　　　　 달리지 않았다

3. _____ _____ .
　　　 우리는　　　　　　　　 달렸다

4. _____ _____ .
　　　 그들은　　　　　　　　 달리지 않았다

5. _____ _____ .
　　　 그는　　　　　　　　　 달렸다

6. _____ _____ .
　　　 그녀는　　　　　　　　 달리지 않았다

7. _____ _____ .
　　　 그것은　　　　　　　　 달렸다

8. _____ _____ .
　　　 나는　　　　　　　　　 달리지 않았다

9. _____ _____ .
　　　 그들은　　　　　　　　 달렸다

10. _____ _____ .
　　　 그는　　　　　　　　　 달리지 않았다

주어가 무엇이든 ran은 바뀌지 않아요. 하지만 didn't 뒤에는 항상 run을 써야 하죠.

개념 쏙쏙 부모님이나 선생님, 친구와 역할을 나눠서 읽어 보세요.

❶ run이 ran으로 변신해서 당황했죠? 다행히 '달릴 것이다'는 will run을 써요.

휴우~, 다행이다.

❷ 자, 그럼, will run의 문장 뼈대는 어떻게 만들까요?

run과 마찬가지로 <주어 + will run>이겠죠!

❸ 주어 + will run

❸ Very good! 이제 주어와 will run을 합체해서 문장을 만들어 봐요. '나는 달릴 것이다.'는?

❹ 주어 I에 will run만 합체하면 되니까 I will run. 아, 다른 주어들을 써도 마찬가지겠죠? You will run. / She will run. / They will run.

❺ Fantastic!

will run도 주어에 상관없이 항상 will run 이에요.

❻ '우리는 달리지 않을 것이다.'는 어떻게 표현할까요?

음…, We will run not?

❼ 앞에서 배웠어도 헷갈리죠.

will not ➞ won't

❽ 아, 그렇지! will not! 줄여서 won't! 자꾸 까먹네요, 헤헤.

영어는 눈으로만 읽으면 금방 잊어버려요. 반드시 소리 내어 읽는 연습을 하세요!

❾ 제대로 말해 볼까요?

We won't run!

1 **will run** 달릴 것이다

'달릴 것이다'라고 할 땐 주어 뒤에 will run을 합체해요.

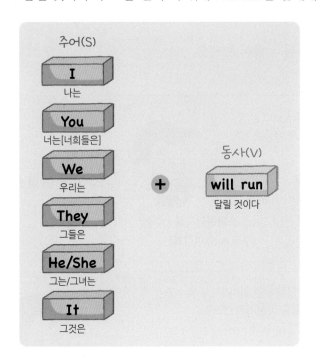

나는 달릴 것이다.	I **will run**.
너는[너희들은] 달릴 것이다.	You **will run**.
우리는 달릴 것이다.	We **will run**.
그들은 달릴 것이다.	They **will run**.
그는 달릴 것이다.	He **will run**.
그녀는 달릴 것이다.	She **will run**.
그것은 달릴 것이다.	It **will run**.

2 **won't run** 달리지 않을 것이다

'달리지 않을 것이다'라고 할 땐 주어 뒤에 won't run을 합체!

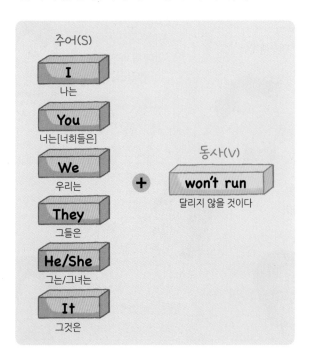

나는 달리지 않을 것이다.	I **won't run**.
너는[너희들은] 달리지 않을 것이다.	You **won't run**.
우리는 달리지 않을 것이다.	We **won't run**.
그들은 달리지 않을 것이다.	They **won't run**.
그는 달리지 않을 것이다.	He **won't run**.
그녀는 달리지 않을 것이다.	She **won't run**.
그것은 달리지 않을 것이다.	It **won't run**.

주어(S)

I
You
We
They
He
She
It

동사(V)

will run
won't run

1.   .

        나는   달릴 것이다

will run, won't run은
주어가 무엇이든
바뀌지 않는다는 거,
꼭 기억하기!

2.   .

    너는[너희들은]   달리지 않을 것이다

3.   .

       우리는   달릴 것이다

4.   .

       그들은   달리지 않을 것이다

5.   .

        그는   달릴 것이다

6.   .

       그녀는   달리지 않을 것이다

7.   .

       그것은   달릴 것이다

8.   .

        나는   달리지 않을 것이다

9.   .

       그들은   달릴 것이다

10.   .

       그는   달리지 않을 것이다

개념 쏙쏙 부모님이나 선생님, 친구와 역할을 나눠서 읽어 보세요.

❶
민준이는 주로 언제 뛰어요?

음…, 체육관에 갈 때나, 운동장에서 뛰어다니는데요.

❷
그렇군요. 그걸 영어 문장으로 만들어 볼까요? '체육관까지'는 to the gym이라고 해요. '나는 체육관까지 달린다'는?

나는, 체육관까지, 달린다 I to the gym run.

❸
아니죠. 영어 문장을 만들 땐 주어 뒤에 동사가 가장 먼저 온다고 했잖아요. '나는, 달린다, 체육관까지'가 돼야죠.

아~, 그렇지. to the gym이 맨 끝에 와야겠네요. I run to the gym!

나는 체육관까지 달린다.

I run to the gym.

❹
Very good! 하나 더 해볼까요? '나는 운동장에서 달렸다.'를 말해 봐요. '운동장에서'는 in the playground예요.

❺
장소 표현인 in the playground를 동사 뒤에 합체해 줘야 하니까 I ran in the playground.

Great!

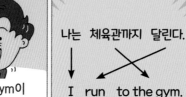

❻
'나는 강을 따라 달릴 것이다.'를 만들어 봐요. '강을 따라'는 along the river예요.

이제 자신 있어요! I will run along the river!

❼
Excellent! 장소 표현에 필요한 전치사들을 익혀 두면 더 쉬울 거예요.

전치사요?

❽
to, in, along처럼 시간, 장소, 방향 등을 나타내는 명사 앞에 붙이는 것을 전치사라고 해요.

to (~까지)
in (~에서)
along (~을 따라)

① to + 장소 표현

동사 뒤에 전치사 to를 붙인 장소 표현들을 붙일 수 있어요. to는 '~까지'라는 뜻이에요.

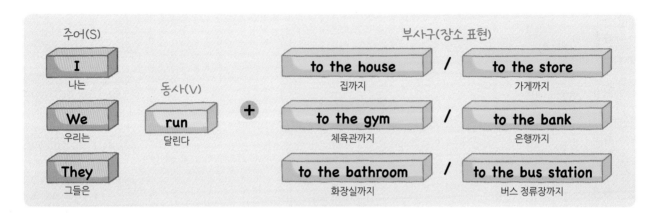

나는 **집까지** 달린다.	I run **to the house**.
우리는 **체육관까지** 달린다.	We run **to the gym**.
그들은 **버스 정류장까지** 달린다.	They run **to the bus station**.

② in/along + 장소 표현

전치사 in은 '~에서', along은 '~을 따라'의 뜻이에요.

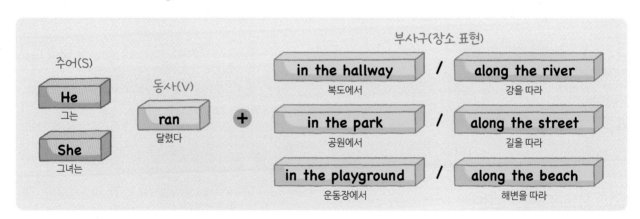

그는 **운동장에서** 달렸다.　　He ran **in the playground**.

그녀는 **강을 따라** 달렸다.　　She ran **along the river**.

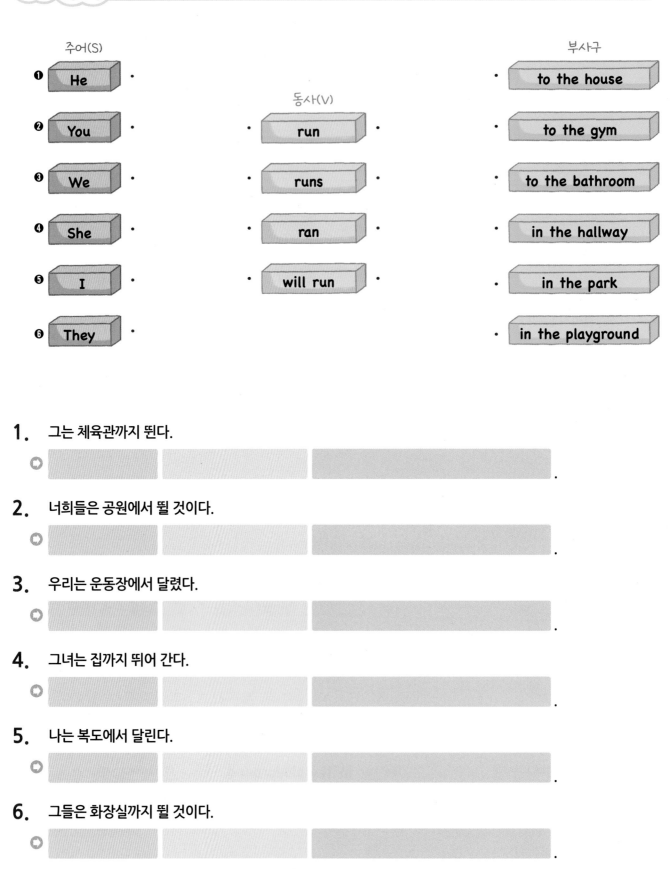

주어(S)

❶ He

❷ You

❸ We

❹ She

❺ I

❻ They

동사(V)

run

runs

ran

will run

부사구

to the house

to the gym

to the bathroom

in the hallway

in the park

in the playground

1. 그는 체육관까지 뛴다.

2. 너희들은 공원에서 뛸 것이다.

3. 우리는 운동장에서 달렸다.

4. 그녀는 집까지 뛰어 간다.

5. 나는 복도에서 달린다.

6. 그들은 화장실까지 뛸 것이다.

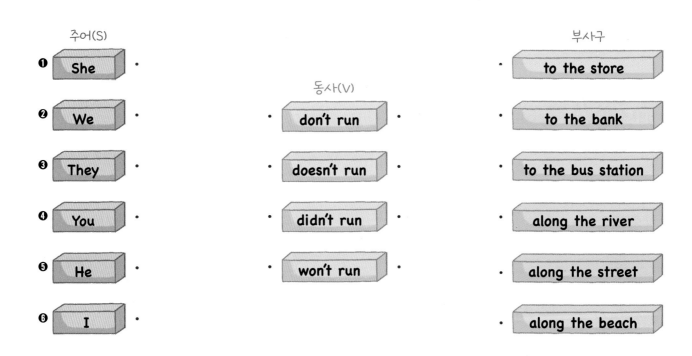

주어(S)

❶ She

❷ We

❸ They

❹ You

❺ He

❻ I

동사(V)

don't run

doesn't run

didn't run

won't run

부사구

to the store

to the bank

to the bus station

along the river

along the street

along the beach

1. 그녀는 가게까지 달리지 않는다.

2. 우리는 버스 정류장까지 뛰지 않았다.

3. 그들은 해변을 따라 달리지 않는다.

4. 너는 은행까지 뛰지 않을 것이다.

5. 그는 강을 따라 달리지 않는다.

6. 나는 길을 따라 뛰지 않을 것이다.

문장에 살 붙이기 Ⅱ 방법과 시간 표현

개념 쏙쏙 부모님이나 선생님, 친구와 역할을 나눠서 읽어 보세요.

① 선생님! 어제 친구들이랑 축구하는 거 보셨어요?

그럼요! 민준이 정말 빠르던데요.

② 저 무지 빨리 달려요.

그럼, '나는 빨리 달린다.'를 만들어 볼까요? '빨리'는 fast를 쓰면 돼요.

③ I fast run.이라고 하면 돼요?

이런, 또 까먹었네요! 주어 뒤에는 항상 동사가 온다고 했잖아요.

④ 아뿔싸! '나는, 달린다, 빨리'로 써야 하니까 I run fast.

Good! 〈주어 + 동사〉를 잊으면 안 돼요!

나는   빨리   달린다.

I   run   fast.

⑤ 시간 표현을 run과 함께 써 볼까요? '저녁에' in the evening을 이용해서 '우리는 저녁에 달렸다.'를 만들어 봐요.

⑥ Well done! 소리 내어 자주 말하면 익숙해질 거예요.

그건 자신 있어요! 시간 표현도 동사 뒤에 합체해 주면 되니까 We ran in the evening.

전치사 in은 장소 뿐만 아니라 시간을 나타낼 때도 쓸 수 있어요.

⑦ 근데, 선생님, '매일 저녁'은 뭐라고 해요?

every + evening
매~   저녁

'매~, ~마다'는 every라고 해요. 그러니까 '매일 저녁'은 every evening이 되겠죠?

⑧ 그럼, '우리는 매일 저녁 달릴 것이다.'는 We will run every evening.

Perfect!

① 방법 표현

run 뒤에 방법 표현을 합체해 주면 '어떻게 달리는지' 나타낼 수 있어요.

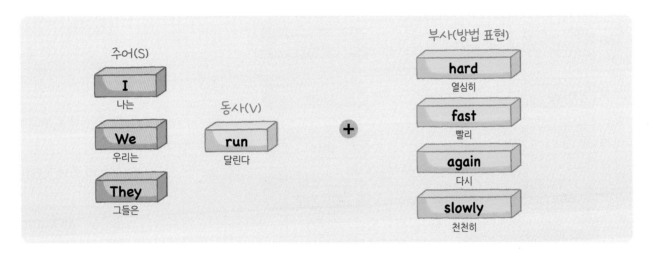

나는 **열심히** 달린다.   I run **hard**.

우리는 **빨리** 달린다.   We run **fast**.

그들은 **천천히** 달린다.   They run **slowly**.

② 시간 표현

이번엔 시간을 나타내는 표현들을 합체해 봅시다. every는 '매~, ~마다'라는 뜻이에요.

그는 **아침에** 달린다.   He runs **in the morning**.

그녀는 **매일 저녁** 달린다.   She runs **every evening**.

그는 **밤에** 달린다.   He runs **at night**.

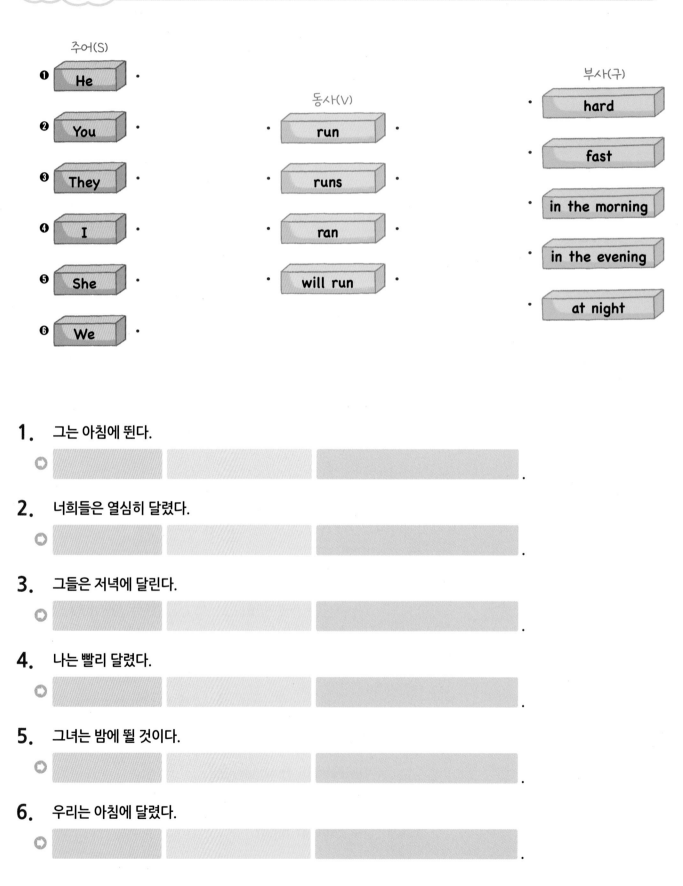

주어(S)
❶ He
❷ You
❸ They
❹ I
❺ She
❻ We

동사(V)
run
runs
ran
will run

부사(구)
hard
fast
in the morning
in the evening
at night

1. 그는 아침에 뛴다.
➡ 　　　　　　　　　　　　　　　　　　　　　　　　　.

2. 너희들은 열심히 달렸다.
➡ 　　　　　　　　　　　　　　　　　　　　　　　　　.

3. 그들은 저녁에 달린다.
➡ 　　　　　　　　　　　　　　　　　　　　　　　　　.

4. 나는 빨리 달렸다.
➡ 　　　　　　　　　　　　　　　　　　　　　　　　　.

5. 그녀는 밤에 뛸 것이다.
➡ 　　　　　　　　　　　　　　　　　　　　　　　　　.

6. 우리는 아침에 달렸다.
➡ 　　　　　　　　　　　　　　　　　　　　　　　　　.

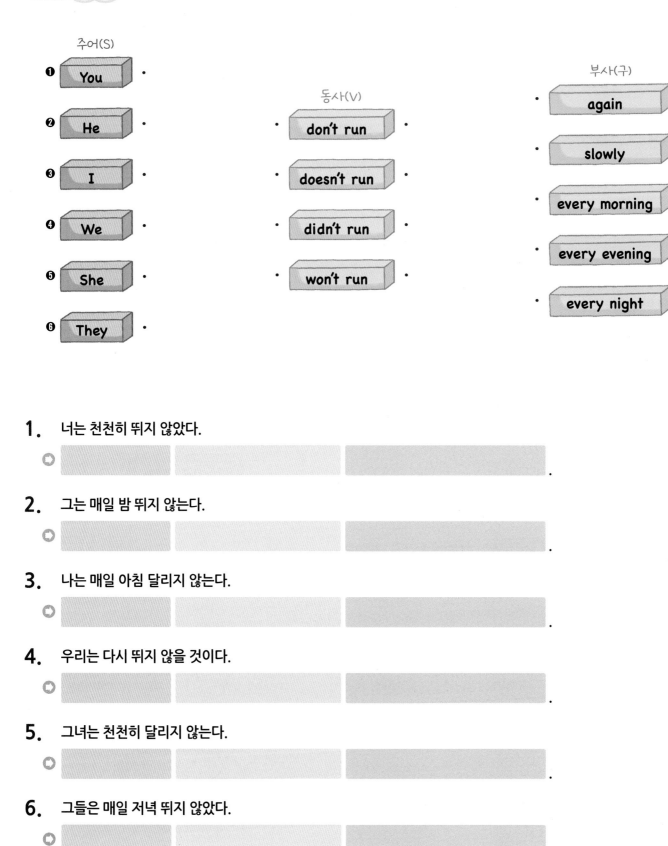

주어(S)

❶ You
❷ He
❸ I
❹ We
❺ She
❻ They

동사(V)

don't run
doesn't run
didn't run
won't run

부사(구)

again
slowly
every morning
every evening
every night

1. 너는 천천히 뛰지 않았다.

2. 그는 매일 밤 뛰지 않는다.

3. 나는 매일 아침 달리지 않는다.

4. 우리는 다시 뛰지 않을 것이다.

5. 그녀는 천천히 달리지 않는다.

6. 그들은 매일 저녁 뛰지 않았다.

슈퍼 문장 만들기

정리착착 문장 뼈대에 단어 블록들을 하나씩 합체하면서 문장 구조를 정리해 보세요.

여러 개의 부사(구)를 사용할 때 〈장소 + 방법 + 시간〉의 순서로 합체한다고 했던 거 기억하죠? 그러나, 늘 이런 순서대로 부사가 붙는 것은 아니예요. 특히 강조하려는 부사나 길이가 짧은 부사는 다른 부사들보다 앞서 나오기도 해요.

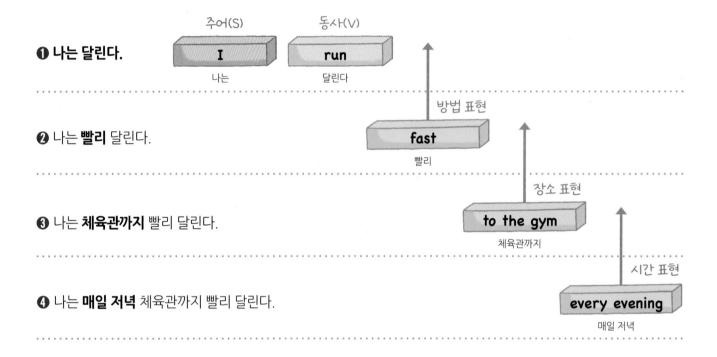

❶ **나는 달린다.**

주어(S) **I** 나는
동사(V) **run** 달린다

❷ **나는 빨리 달린다.**

방법 표현 **fast** 빨리

❸ **나는 체육관까지 빨리 달린다.**

장소 표현 **to the gym** 체육관까지

❹ **나는 매일 저녁 체육관까지 빨리 달린다.**

시간 표현 **every evening** 매일 저녁

나는 매일 저녁 체육관까지 빨리 달린다.

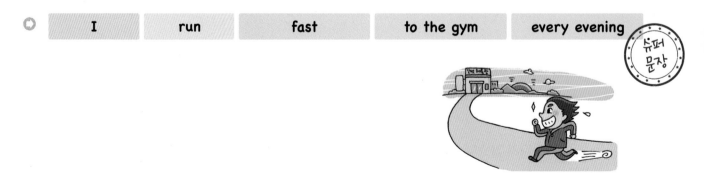

| I | run | fast | to the gym | every evening |

1. ❶ 나는 달렸다.

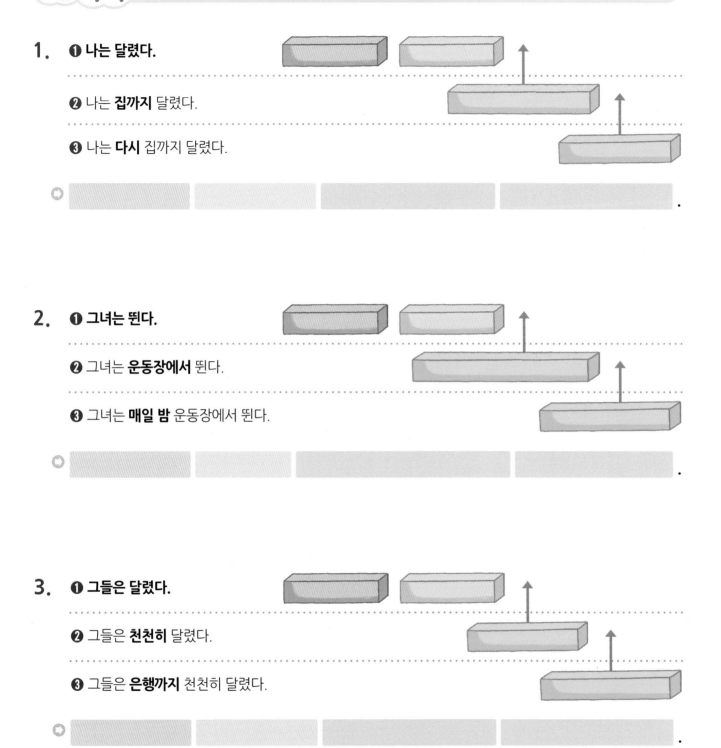

❷ 나는 **집까지** 달렸다.

❸ 나는 **다시** 집까지 달렸다.

➡ [   ] [   ] [   ] [   ] .

2. ❶ 그녀는 뛴다.

❷ 그녀는 **운동장에서** 뛴다.

❸ 그녀는 **매일 밤** 운동장에서 뛴다.

➡ [   ] [   ] [   ] [   ] .

3. ❶ 그들은 달렸다.

❷ 그들은 **천천히** 달렸다.

❸ 그들은 **은행까지** 천천히 달렸다.

➡ [   ] [   ] [   ] [   ] .

4. ❶ 그는 달렸다.

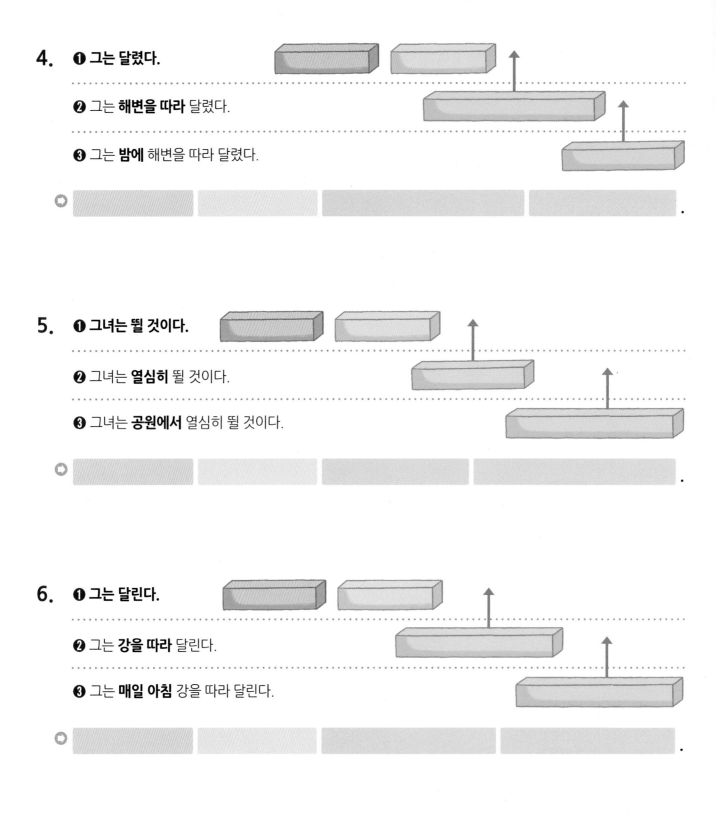

❷ 그는 **해변을 따라** 달렸다.

❸ 그는 **밤에** 해변을 따라 달렸다.

5. ❶ 그녀는 뛸 것이다.

❷ 그녀는 **열심히** 뛸 것이다.

❸ 그녀는 **공원에서** 열심히 뛸 것이다.

6. ❶ 그는 달린다.

❷ 그는 **강을 따라** 달린다.

❸ 그는 **매일 아침** 강을 따라 달린다.

의문문 만들기

① Do/Does + 주어 + run?

주어가 You, They일 경우에 '달리니?, 달리나요?'라고 물을 땐 Do를 문장 맨 앞에 쓰면 돼요.

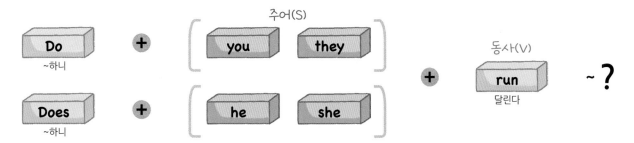

1. 너는 집까지 뛰어가니?

| | | | to your house | ? | Yes, I do. |

2. 너희들은 아침마다 뛰니?

| | | | | ? | No, we don't. |

3. 그들은 마라톤에서 달리나요?

| | | | in the marathon | ? | Yes, they do. |

4. 그는 매일 저녁 뛰니?

| | | | | ? | Yes, he does. |

5. 그녀는 운동장에서 달리나요?

| | | | | ? | No, she doesn't. |

6. 그는 밤에 혼자 달리니?

| | | | alone | ? | No, he doesn't. |

❷ Did + 주어 + run?

'달렸니?, 달렸나요?'라고 물을 땐 Did를 문장 맨 앞에 쓰면 돼요. 이때 동사는 ran이 아니라 run을 써요.

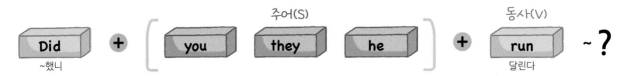

1. 너는 가게까지 달려갔니?

⇒ [ ] [ ] [ ] [ ] ? ◁ Yes, I did.

2. 그들은 매일 아침 달렸나요?

⇒ [ ] [ ] [ ] [ ] ? ◁ No, they didn't.

3. 그는 길을 따라 뛰었나요?

⇒ [ ] [ ] [ ] [ ] ? ◁ Yes, he did.

❸ Will + 주어 + run?

'달릴 거니?, 달릴 건가요?'라고 물을 땐 will을 이용해요.

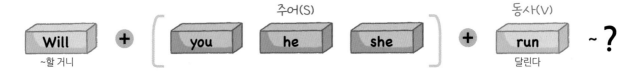

1. 너는 버스 정류장까지 뛰어갈 거니?

⇒ [ ] [ ] [ ] [ ] ? ◁ Yes, I will.

2. 그는 해변을 따라 달릴 건가요?

⇒ [ ] [ ] [ ] [ ] ? ◁ Yes, he will.

3. 그녀는 내일 다시 달릴 건가요?

⇒ [ ] [ ] [ ] [ ] [tomorrow] ? ◁ No, she won't.

동사 walk를 이용하여 문장을 만들어 보세요.

걷는다	walk
	walks
걸었다	walked
걸을 것이다	will walk

긍정문

1. 나는 매우 빨리 걸었다.

→ [   ] [   ] very [   ] .

2. 그녀는 매일 걸어서 출근해요.

→ [   ] [   ] [   ] every day .

3. 그녀는 체육관까지 다시 걸었다.

→ [   ] [   ] [   ] [   ] .

4. 우리는 밤에 강을 따라 걸을 거예요.

→ [   ] [   ] [   ] [   ] .

5. 그들은 매일 아침 천천히 걷습니다.

→ [   ] [   ] [   ] [   ] .

6. 그는 버스 정류장까지 빨리 걸어간다.

→ [   ] [   ] [   ] [   ] .

걷지 않는다	don't walk
	doesn't walk
걷지 않았다	didn't walk
걷지 않을 것이다	won't walk

1. 그는 빨리 걷지 않는다.

○ [   ] [   ] [   ] .

2. 나는 학교까지 걸어가지 않았다.

○ [   ] [   ] [   ] .

3. 그들은 며칠 동안 걷지 않았어요.

○ [   ] [   ] [for a few days] .

4. 그녀는 강을 따라 걷지 않을 거예요.

○ [   ] [   ] [   ] .

5. 나는 밤에 혼자 걷지 않는다.

○ [   ] [   ] [alone] [   ] .

6. 우리는 한밤중에 복도에서 걸어다니지 않을 것이다.

○ [   ] [   ] [   ] [at midnight] .

걷니?	Do ~ walk?
	Does ~ walk?
걸었니?	Did ~ walk?
걸을 거니?	Will ~ walk?

1. 너는 버스 정류장까지 걸어갔니?

➡ ☐ ☐ ☐ ☐ ?

2. 너희들은 내일 거기에 걸어갈 거니?

➡ ☐ ☐ ☐ there ☐ ?

3. 그들은 매일 저녁 함께 걷나요?

➡ ☐ ☐ ☐ together ☐ ?

4. 그는 매일 아침 걸어서 등교하나요?

➡ ☐ ☐ ☐ ☐ ☐ ?

5. 너는 엄마랑 은행까지 걸어갈 거니?

➡ ☐ ☐ ☐ ☐ with your mother ?

6. 그녀는 아침에 해변을 따라 걸었니?

➡ ☐ ☐ ☐ ☐ ☐ ?

A. 우리말 뜻에 알맞게 동사 run과 walk를 이용하여 빈칸을 채우세요.

1.

달린다	달리지 않는다	달리니?
_____ / runs	_____ /doesn't run	Do/_____ ~ run?
달렸다	달리지 않았다	달렸니?
_____	_____ run	Did ~ _____ ?
달릴 것이다	달리지 않을 것이다	달릴 거니?
_____ run	_____	_____ ~ run?

2.

걷는다	걷지 않는다	걷니?
walk / _____	don't/_____ walk	_____ /Does ~ walk?
걸었다	걷지 않았다	걸었니?
_____	_____	Did ~ _____ ?
걸을 것이다	걷지 않을 것이다	걸을 거니?
_____ walk	_____	_____ ~ _____ ?

B. 주어진 단어를 순서대로 배열해 보세요.

> 문장의 첫 글자는 대문자로 쓰고, 문장 끝에 문장 부호를 쓰세요.

3. playground | run | in | the | they

   ➡ _____

4. the | we | river | ran | along

   ➡ _____

5. in | she | park | walk | the | doesn't

   ➡ _____

6. walked | school | every | I | to | morning

   ➡ _____

C. 주어진 문장을 지시대로 바꾸어 쓰세요.

7. I ran to the house again.

    부정문 ▶

8. We didn't run in the hallway.

    긍정문 ▶

9. He will run in the evening.

    의문문 ▶

10. She walks to work.

    부정문 ▶

D. 주어진 단어들을 이용하여 우리말에 맞게 문장을 완성해 보세요.

11. 그들은 매일 저녁 천천히 걷는다. ·················· slowly | evening

    ▶

12. 너희들은 버스 정류장까지 뛰어갔니? ·················· bus station

    ▶

13. 그녀는 내일 다시 달릴 거니? ·················· again

    ▶

맞힌 개수 : /13 개

본 학습에 들어가기 전에 다음 단어들을 꼭 기억해 두세요.

명사

- ✔ **town** 도심, 소도시
- ◯ **country** 시골, 국가
- ◯ **poverty** 가난
- ◯ **hope** 희망
- ◯ **family** 가족
- ◯ **friend** 친구

- 도시, 나라 -

- ◯ **Seoul** 서울
- ◯ **New York** 뉴욕
- ◯ **Korea** 한국
- ◯ **America** 미국
- ◯ **Canada** 캐나다

인칭대명사

- 소유격 -

- ◯ **my** 나의
- ◯ **your** 너의
- ◯ **his** 그의
- ◯ **her** 그녀의
- ◯ **our** 우리의
- ◯ **their** 그들의

단어 & 문장 듣기

부사

- happily 행복하게
- freely 자유롭게
- quietly 조용히
- alone 혼자
- together 함께
- here 여기에서
- nearby 근처에
- somewhere 어딘가에

전치사

- in ~에서, ~ 안에
- with ~와 함께

문장의 뼈대 만들기 Ⅰ live와 don't live

개념 쏙쏙 부모님이나 선생님, 친구와 역할을 나눠서 읽어 보세요.

 이번에 배울 동사는 live예요.
우리말의 '삽니다, 살고 있습니다,
산다, 살다'가 모두 live예요.

이럴 땐 영어가
우리말보다 쉬워요.

❶

 live도 go나 run처럼
주어와 동사만으로
문장을 만들 수 있나요?

그럼요! live도
주어만 있으면 문장의
뼈대가 만들어져요.

❷

주어 + live

 쉬운 문제 하나 낼게요.
'나는 산다.'는 영어로 어떻게
표현할까요?

주어는 I, 그러니까 음…, I am live.
라고 하면 틀리겠죠? 히히.

❸

동사는 한 문장에 하나만 써야 해요.
am과 live 모두 동사니까 한꺼번에 쓸 수 없어요.

저도 알아요. 동사는
한 문장에 하나씩!

❹

 음, 그러니까
I live.가 돼야 하죠.

That's it! 주어 I와 동사 live를
합체하면 I live.가 되는 거예요.

❺

 한 문장에
동사는 하나만
들어간다는 거,
잊지 말아요!

 이번엔 반대로, '나는 살지
않는다.'를 말해 볼까요?

음….

❻

 I am not live.인가?
하하하!

민준이, 계속
장난칠래요?

❼

 헤헤, 죄송~! 부정문을 만들 땐 do의 도움을
받아야 하니까 do not을 붙여 주면 돼죠?
줄여서 말하면 don't. 따라서 정답은 I don't live.

Fantastic!

❽

정리착착 단어 블록을 합체하여 문장 구조를 정리해 보세요.

① live 산다

주어(I, You, We, They) 뒤에 동사 live를 합체해서 문장 뼈대를 만들어요.

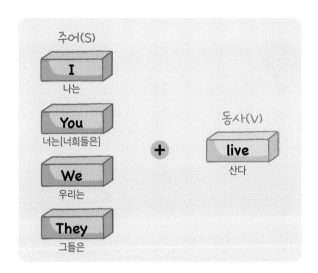

나는 산다.	I **live**.
너는[너희들은] 산다.	You **live**.
우리는 산다.	We **live**.
그들은 산다.	They **live**.

② don't live 살지 않는다

'살지 않는다'라고 할 땐 주어 뒤에 don't live를 합체해 줘요.

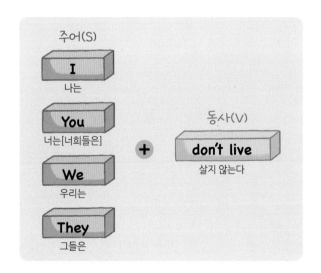

나는 살지 않는다.	I **don't live**.
너는[너희들은] 살지 않는다.	You **don't live**.
우리는 살지 않는다.	We **don't live**.
그들은 살지 않는다.	They **don't live**.

연습팍팍 각각의 블록을 합체하여 문장을 만들어 보세요.

주어(S)

| I |
| You |
| We |
| They |

동사(V)

| live |
| don't live |

1. 　　　　　　　　　　　　 　　　　　　　　　　　　 .
   나는　　　　　　　　　　　　 산다

2. 　　　　　　　　　　　　 　　　　　　　　　　　　 .
   나는　　　　　　　　　　　　 살지 않는다

3. 　　　　　　　　　　　　 　　　　　　　　　　　　 .
   너는[너희들은]　　　　　　　 산다

4. 　　　　　　　　　　　　 　　　　　　　　　　　　 .
   너는[너희들은]　　　　　　　 살지 않는다

5. 　　　　　　　　　　　　 　　　　　　　　　　　　 .
   우리는　　　　　　　　　　　 산다

6. 　　　　　　　　　　　　 　　　　　　　　　　　　 .
   우리는　　　　　　　　　　　 살지 않는다

7. 　　　　　　　　　　　　 　　　　　　　　　　　　 .
   그들은　　　　　　　　　　　 산다

8. 　　　　　　　　　　　　 　　　　　　　　　　　　 .
   그들은　　　　　　　　　　　 살지 않는다

개념 쏙쏙 부모님이나 선생님, 친구와 역할을 나눠서 읽어 보세요.

❶

주어가 He, She, It일 때 동사 go와 run이 어떻게 변했는지 기억나요?

네! go 뒤에는 -es, run 뒤에는 -s가 붙었어요. 그래서 goes, runs로 변신했어요.

❷

Good! 동사 live가 He, She, It과 만나면 어떻게 변신할까요?

음…, live에 -s를 붙여야 하나? 아님 -es를 붙여서 livees인가? 근데, 철자가 좀 이상해요.

❸

기억해 둬요! live, come처럼 -e로 끝나는 동사에는 -s만 붙여요. 그래서 live가 lives로 바뀐 거예요.

그럼, '그는 산다.'고 할 때 He lives.라고 하면 되겠네요?

❹

That's it! 주어 She, It도 넣어서 말해 볼까요?

She lives.
It lives.

주어 + lives

❺

이번엔 선생님께 문제! '그는 살지 않는다.'는 어떻게 말할까~요? 틀리면 오늘 수업 여기서 끝내기!

좋아요! 대신 맞히면 1시간 더 하기!

❻

칫, 싫어요! 그럼, 제가 맞히는 걸로 할래요. 주어가 '그는'이니까 He에 don't live를 합체해서 He don't live. 맞죠?

❼
땡! 틀렸어요!

❽

주어가 He, She, It일 땐 don't 대신에 doesn't를 써야 해요.

헉, 맞다!
He doesn't live!

주어가 He, She, It일 땐 don't 대신에 doesn't를 써야 해요.

❾
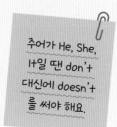

자, 이제 1시간 더 공부해야겠지? 뭘 공부할까요?

엉엉엉… 우째 이런 일이…!

정리착착 단어 블록을 합체하여 문장 구조를 정리해 보세요.

1 lives 산다

주어가 He, She, It일 땐 live에 -s를 붙여서 lives라고 써요.

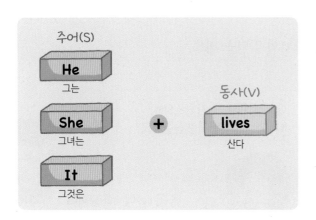

주어 It이 가리키는 것은 동물이나 식물이 될 수 있어요.

그는 산다.	He **lives**.
그녀는 산다.	She **lives**.
그것은 산다.	It **lives**.

2 doesn't live 살지 않는다

'살지 않는다'라고 할 땐 주어 뒤에 doesn't live를 합체해요.

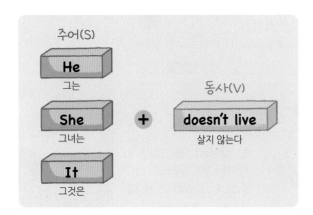

그는 살지 않는다.	He **doesn't live**.
그녀는 살지 않는다.	She **doesn't live**.
그것은 살지 않는다.	It **doesn't live**.

주어(S)

He
She
It

동사(V)

lives
doesn't live

1. _____ _____ .
　　　　그는　　　　　　　　　산다

2. _____ _____ .
　　　　그는　　　　　　　　　살지 않는다

3. _____ _____ .
　　　　그녀는　　　　　　　　산다

4. _____ _____ .
　　　　그녀는　　　　　　　　살지 않는다

5. _____ _____ .
　　　　그것은　　　　　　　　산다

6. _____ _____ .
　　　　그것은　　　　　　　　살지 않는다

주어가 He, She, It일 땐
do가 아니라 does의
도움을 받아야 해요.

개념 쏙쏙 부모님이나 선생님, 친구와 역할을 나눠서 읽어 보세요.

① 민준이는 여기로 이사 오기 전에 어디에서 살았어요?

서교동에서 살았어요.

② '살았다'고 할 땐 주어에 lived를 합체해요. '나는 살았다.' 하면 I lived.가 되는 거예요.

주어 + lived

③ live는 규칙적으로 변하는 동사라서 뒤에 -ed만 붙여 주면 되는데, live에 -ed를 붙이면 e가 두 번 겹치니까 하나를 생략해서 써요.

live는 변신 방법이 간단해서 좋네요.

live는 과거로 말할 때 -d만 붙여 주는 규칙 동사예요.

④ '걷다' walk, '일하다' work도 과거로 말할 땐 -ed를 붙여 줘요.

⑤ '걸었다'는 walked, '일했다'는 worked라고 해야 한다는 말씀이죠?

That's it! 이번엔 '그녀는 살았다.'를 한번 말해 볼까요?

⑥ 음…, 주어가 '그녀는' 이니까 -s를 붙여서 She liveds.

땡! went, ran처럼 과거의 의미를 나타낼 땐 주어가 단수이든 복수이든 동사 모양이 바뀌지 않는다고 했죠?

⑦ 아~, 그랬지! She lived.

Very good!

⑧ 문제 하나 더! '나는 살지 않았다.'는 어떻게 말할까요?

동사가 과거일 땐 do가 아니라 did의 도움을 받아야 하니까 didn't live를 주어에 합체하면 I didn't live.

❶ lived 살았다

주어 뒤에 live의 과거 형태인 lived를 합체해요.

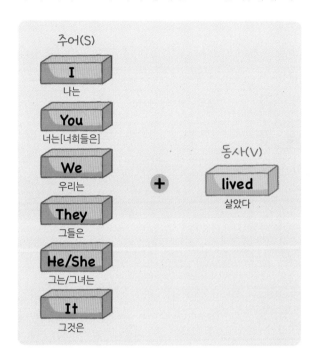

나는 살았다.	I **lived**.
너는[너희들은] 살았다.	You **lived**.
우리는 살았다.	We **lived**.
그들은 살았다.	They **lived**.
그는 살았다.	He **lived**.
그녀는 살았다.	She **lived**.
그것은 살았다.	It **lived**.

❷ didn't live 살지 않았다

'살지 않았다'라고 할 땐 주어에 상관없이 didn't live를 붙이면 돼요.

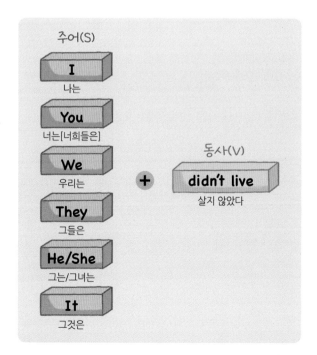

나는 살지 않았다.	I **didn't live**.
너는[너희들은] 살지 않았다.	You **didn't live**.
우리는 살지 않았다.	We **didn't live**.
그들은 살지 않았다.	They **didn't live**.
그는 살지 않았다.	He **didn't live**.
그녀는 살지 않았다.	She **didn't live**.
그것은 살지 않았다.	It **didn't live**.

주어(S)

I
You
We
They
He
She
It

동사(V)

lived
didn't live

1. _____ _____ .
   나는   살았다

2. _____ _____ .
   너는[너희들은]   살지 않았다

3. _____ _____ .
   우리는   살았다

4. _____ _____ .
   그들은   살지 않았다

5. _____ _____ .
   그는   살았다

6. _____ _____ .
   그녀는   살지 않았다

7. _____ _____ .
   그것은   살았다

8. _____ _____ .
   나는   살지 않았다

9. _____ _____ .
   그들은   살았다

10. _____ _____ .
    그는   살지 않았다

동사가 과거일 땐
do가 아니라 did의 도움을
받아야 해요.
didn't 다음엔 lived가
아니라 live가 와야 하고요.

문장의 뼈대 만들기 ⅣV will live와 won't live

개념 쏙쏙 부모님이나 선생님, 친구와 역할을 나눠서 읽어 보세요.

❶ 민준이는 나중에 어떤 곳에서 살고 싶어요?

전 과자로 만든 집에서 살 거예요. 매일 맛있는 과자를 먹을 수 있잖아요. 히히히!

❷ 어디 어디에서 '살 것이다'라고 할 땐 will을 이용해요. live 앞에 와서 도와주는 역할을 해요.

will은 동사를 도와주는 동사네요. 너무 쉽다!

주어 + will live

❸ 정말 쉽죠? 그럼, '나는 살 것이다.'를 말해 볼까요?

어…, 주어에 will live를 합체하면 되니까 I will live.

❹ Perfect! will live도 lived처럼 주어에 상관없이 항상 will live예요.

We will live.
She will live.
They will live.

will live는 모든 주어에 쓸 수 있어요.

❺ 선생님! 좀 어려운 문제를 내주세요.

호호호, 그럴까요?

❻ 민준이가 매번 틀렸던 문제를 내봐야겠다. '나는 살지 않을 것이다.'를 말해 봐요.

❼ 푸하하, 그것쯤이야 뭐. '살지 않을 것이다'니까 not이 동사 앞에 와야 하고, 어… will은 어디로 가더라? 음… 정답은 I not will live!

❽ 아니죠~. not은 will 뒤에 붙여요. 줄여서 won't. 그러니까 주어에 won't live를 합체해 줘야 해요.

will not ➡ won't

아, 그랬죠, 참! I won't live.

① will live 살 것이다

'살 것이다'라고 할 땐 주어 뒤에 will live를 합체해요.

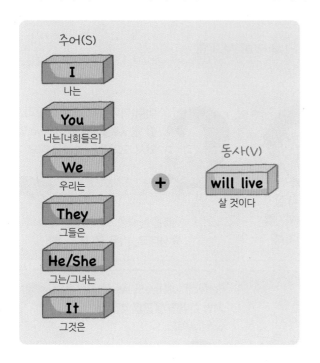

나는 살 것이다.	I **will live**.
너는[너희들은] 살 것이다.	You **will live**.
우리는 살 것이다.	We **will live**.
그들은 살 것이다.	They **will live**.
그는 살 것이다.	He **will live**.
그녀는 살 것이다.	She **will live**.
그것은 살 것이다.	It **will live**.

② won't live 살지 않을 것이다

'살지 않을 것이다'라고 할 땐 won't를 붙여서 won't live라고 써야 해요.

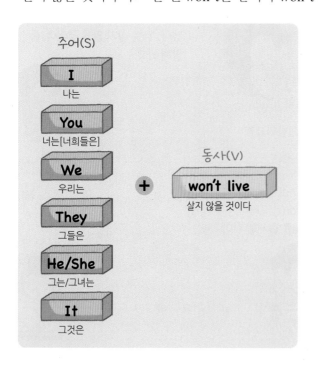

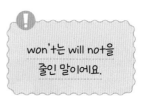

won't는 will not을 줄인 말이에요.

나는 살지 않을 것이다.	I **won't live**.
너는[너희들은] 살지 않을 것이다.	You **won't live**.
우리는 살지 않을 것이다.	We **won't live**.
그들은 살지 않을 것이다.	They **won't live**.
그는 살지 않을 것이다.	He **won't live**.
그녀는 살지 않을 것이다.	She **won't live**.
그것은 살지 않을 것이다.	It **won't live**.

주어(S)

I
You
We
They
He
She
It

동사(V)

will live
won't live

1.
　　　나는　　　　　　　　　　살 것이다

2.
　너는[너희들은]　　　　　　살지 않을 것이다

3.
　　　우리는　　　　　　　　　　살 것이다

4.
　　　그들은　　　　　　　　살지 않을 것이다

5.
　　　그는　　　　　　　　　　　살 것이다

6.
　　　그녀는　　　　　　　　살지 않을 것이다

7.
　　　그것은　　　　　　　　　　살 것이다

8.
　　　나는　　　　　　　　　살지 않을 것이다

9.
　　　그들은　　　　　　　　　　살 것이다

10.
　　　그는　　　　　　　　　살지 않을 것이다

개념 쏙쏙 부모님이나 선생님, 친구와 역할을 나눠서 읽어 보세요.

❶ 오늘은 live에 장소 표현을 붙여 봐요.

좋아요! 사실 주어, 동사만 쓰니까 뭔가 좀 빠진 듯 허전했거든요.

❷ 동사에 장소 표현을 붙여 주면 '어디에 살고 있는지' 말할 수 있어요. 먼저, here를 이용해서 '나는 여기 산다.'를 만들어 볼까요?

❸ 나는, 여기, 산다. I here live.인가?

❹ 영어 문장은 주어 뒤에 바로 동사가 오니까 '나는, 산다, 여기'의 순서가 돼야 해요. I live here.라고 해요.

나는 여기 산다.
I live here.

❺ '나는 서울에서 살았다.'는 어떻게 말하면 될까요?

음…, '서울에서'니까 I lived Seoul in.

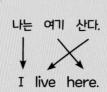

❻ 이것도 우리말과 순서가 달라서 in 뒤에 Seoul이 와야 해요. in은 '~에(서)'라는 뜻으로, 명사 앞에 붙인답니다.

in + Seoul

도시나 나라, 다소 넓은 장소를 나타내는 명사 앞에 전치사 in을 써요.

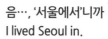

❼ 아하! 그럼, 동사 뒤에 in Seoul을 합체하면 되는 거죠? I lived in Seoul.

Very good!

❽ 이제 확실히 알겠어요. 도시나 나라는 꼭 전치사 in과 함께 써야 하는 거군요.

in + Canada

❾ I live in Jeju.
I lived in Canada.
I will live in New York.

전치사가 들어간 표현은 통째로 익혀 두면 좋아요.

정리 착착   단어 블록을 합체하여 문장 구조를 정리해 보세요.

① 장소 표현

live 뒤에 장소 표현을 합체해 주면 '어디에 사는지' 나타낼 수 있어요.

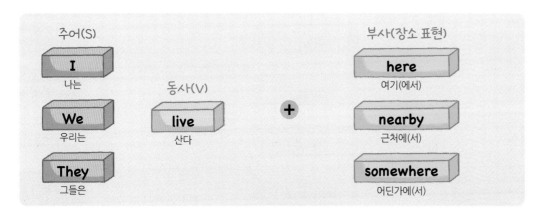

나는 **여기** 산다.	I live **here**.
우리는 **근처에** 산다.	We live **nearby**.
그들은 **어딘가에** 살고 있다.	They live **somewhere**.

② in + 장소 표현

이번엔 '~에(서)'라는 뜻의 전치사 in과 함께 쓰인 장소 표현을 합체해 볼까요?

그는 **서울에** 산다.	He lives **in Seoul**.
그녀는 **미국에** 산다.	She lives **in America**.
그는 **시골에** 산다.	He lives **in the country**.

> in 뒤에는 도시나 나라 이름을 넣어요. 그리고 도시나 나라 이름의 첫 글자는 항상 대문자로 써요.

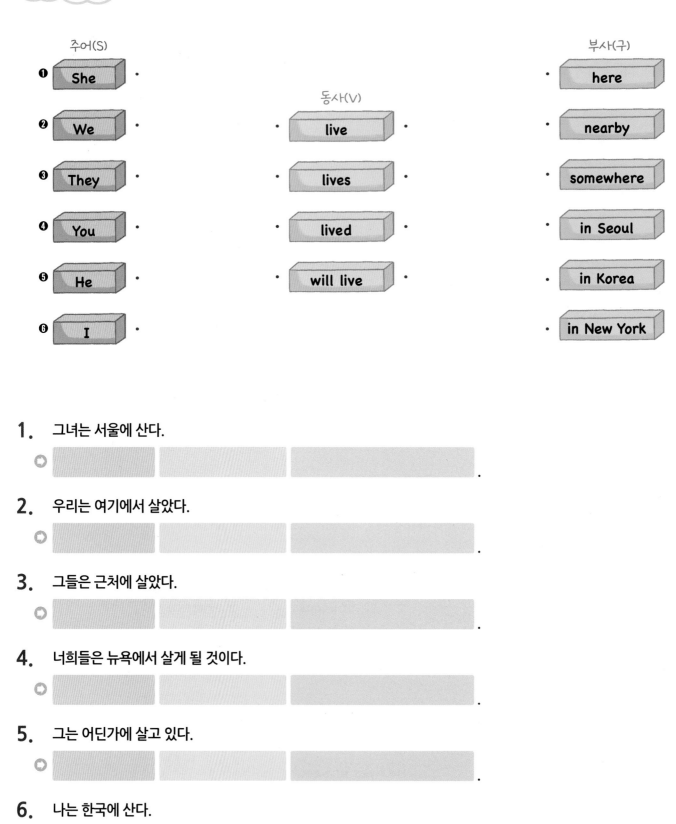

주어(S)
❶ She
❷ We
❸ They
❹ You
❺ He
❻ I

동사(V)
live
lives
lived
will live

부사(구)
here
nearby
somewhere
in Seoul
in Korea
in New York

1. 그녀는 서울에 산다.

2. 우리는 여기에서 살았다.

3. 그들은 근처에 살았다.

4. 너희들은 뉴욕에서 살게 될 것이다.

5. 그는 어딘가에 살고 있다.

6. 나는 한국에 산다.

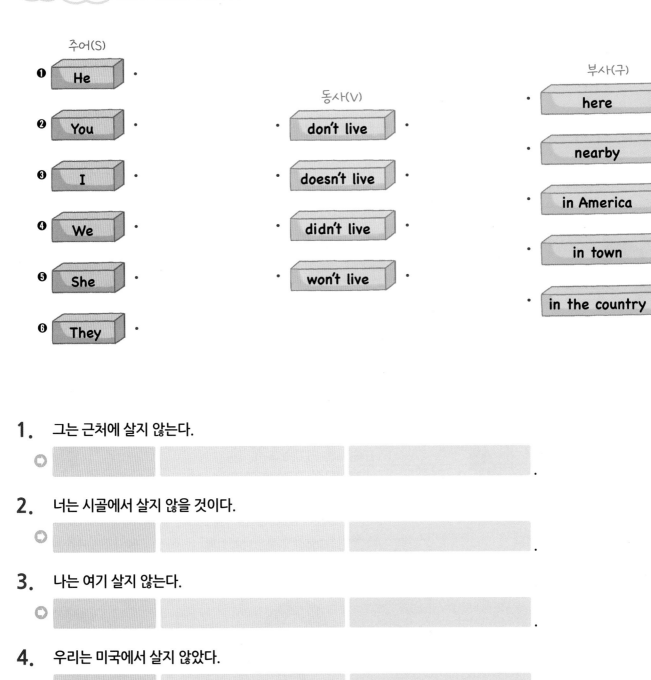

주어(S)
❶ He
❷ You
❸ I
❹ We
❺ She
❻ They

동사(V)
don't live
doesn't live
didn't live
won't live

부사(구)
here
nearby
in America
in town
in the country

1. 그는 근처에 살지 않는다.
   ➡   .

2. 너는 시골에서 살지 않을 것이다.
   ➡   .

3. 나는 여기 살지 않는다.
   ➡   .

4. 우리는 미국에서 살지 않았다.
   ➡   .

5. 그녀는 도심에서 살지 않을 것이다.
   ➡   .

6. 그들은 시골에 살지 않는다.
   ➡   .

문장에 살 붙이기 **Ⅱ 방법 표현**

개념 쏙쏙 부모님이나 선생님, 친구와 역할을 나눠서 읽어 보세요.

❶ 민준이는 동화책의 맨 끝에 자주 나오는 문장이 뭔지 알아요?

'그들은 행복하게 살았다.' 아니에요?

❷ 맞아요. 그걸 영어로 한번 말해 볼까요? '행복하게'는 happily예요.

음…, They happily lived.

❸ No! 주어 뒤에는 항상 동사가 온다고 했죠? 영어로는 '그들은, 살았다, 행복하게'의 순서로 말해요.

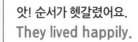

그들은   행복하게   살았다.

They   lived   happily.

❹ 앗! 순서가 헷갈렸어요. They lived happily.

Great! happily 대신에 alone, freely, quietly 등을 넣어 말할 수도 있어요.

❺ I lived alone. He lived freely. They lived quietly.

❻ Excellent! 이번엔 '잘'이라는 뜻의 well을 이용해서 '그들은 잘 살았다.'를 말해 봐요.

〈주어 + 동사〉 뒤에 well을 합체! They lived well.

Good! '그들은 나와 함께 살 것이다.'를 해볼까요? '~와 함께'는 with예요.

❼ '나와 함께'니까… They will live I with. 라고 하면 되나요?

with

❽ 전치사 with는 명사 앞에 붙여야 해요. 인칭대명사 앞에 쓸 때는 I 대신에 목적격 형태인 me를 써요.

with + I   (×)

with + me   (○)

❾ Good job!

"_____" 아하! 그럼, They will live with me.

with, in, to와 같은 전치사는 항상 명사나 인칭대명사 앞에 써요.

① 방법 표현

'어떻게 사는지' 표현할 땐 live 뒤에 방법을 나타내는 부사를 합체해 줘요.

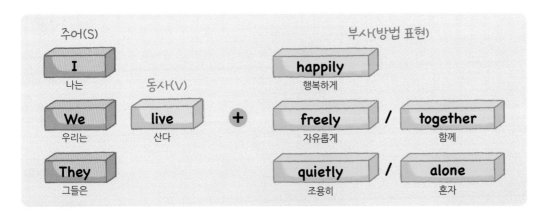

나는 **행복하게** 산다.   I live **happily**.

우리는 **자유롭게** 산다.   We live **freely**.

그들은 **함께** 산다.   They live **together**.

② with/in + 방법 표현

with는 '~와 함께'라는 뜻의 전치사예요. 전치사 with 뒤에는 I나 he, she 대신에 me, him, her와 같은 인칭대명사의 목적격 형태를 써야 해요.

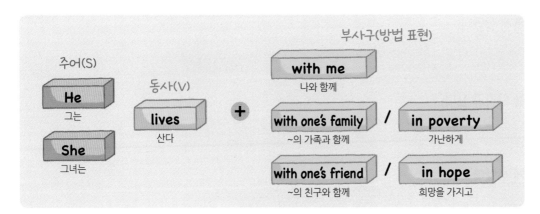

그는 **그의 가족과 함께** 산다.   He lives **with his family**.

그녀는 **가난하게** 산다.   She lives **in poverty**.

그는 **희망을 가지고** 산다.   He lives **in hope**.

one's는 주어에 따라 my, your, our, their, his, her로 바꿔 써요.

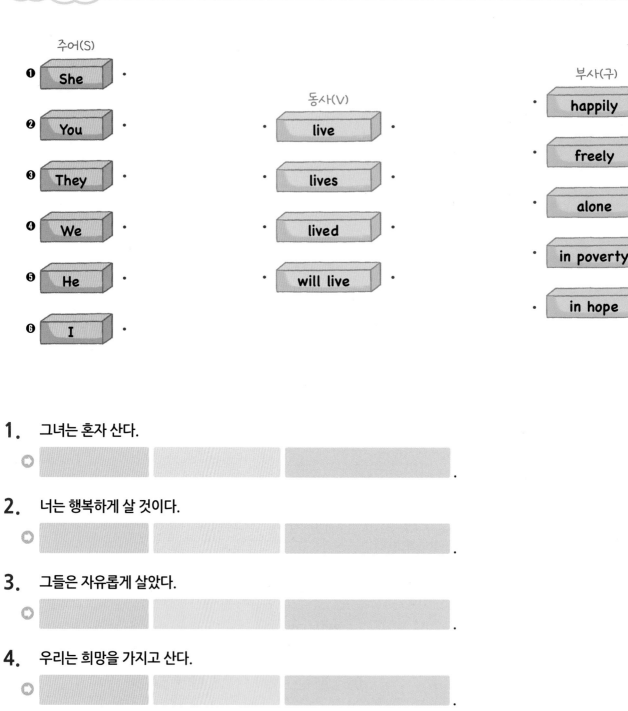

주어(S)
❶ She
❷ You
❸ They
❹ We
❺ He
❻ I

동사(V)
live
lives
lived
will live

부사(구)
happily
freely
alone
in poverty
in hope

1. 그녀는 혼자 산다.
   ⟹ _____ _____ _____ .

2. 너는 행복하게 살 것이다.
   ⟹ _____ _____ _____ .

3. 그들은 자유롭게 살았다.
   ⟹ _____ _____ _____ .

4. 우리는 희망을 가지고 산다.
   ⟹ _____ _____ _____ .

5. 그는 가난하게 살았다.
   ⟹ _____ _____ _____ .

6. 나는 혼자 살 것이다.
   ⟹ _____ _____ _____ .

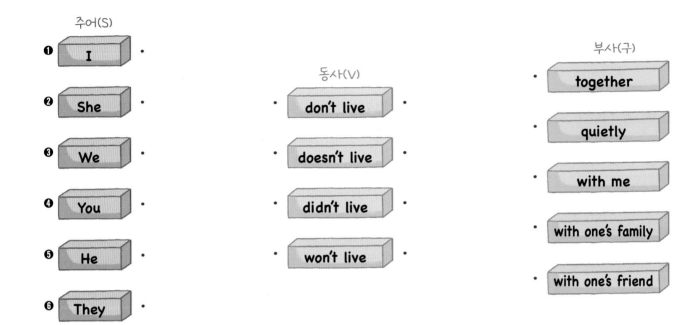

주어(S)
❶ I
❷ She
❸ We
❹ You
❺ He
❻ They

동사(V)
don't live
doesn't live
didn't live
won't live

부사(구)
together
quietly
with me
with one's family
with one's friend

1. 나는 조용히 살지 않았다.

2. 그녀는 그녀의 가족과 함께 살지 않는다.

3. 우리는 우리의 친구와 함께 살지 않았다.

4. 너희들은 함께 살지 않을 것이다.

5. 그는 그의 친구와 함께 살지 않는다.

6. 그들은 나와 함께 살지 않는다.

슈퍼 문장 만들기

정리착착 문장 뼈대에 단어 블록들을 하나씩 합체하면서 문장 구조를 정리해 보세요.

방법 표현이 두 가지 나올 땐 짧은 표현을 먼저, 긴 표현을 뒤에 써 줘요.

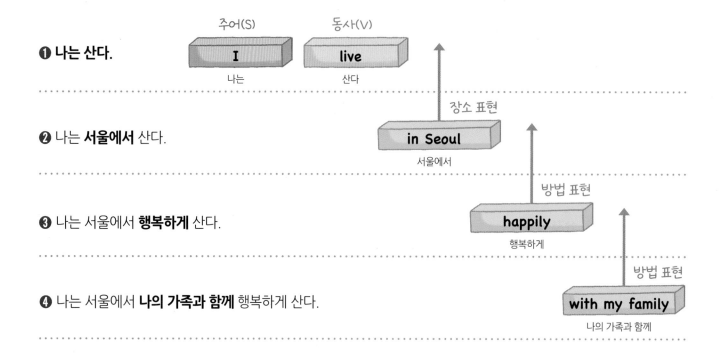

주어(S) 동사(V)

❶ 나는 산다. | I | live |
나는 / 산다

❷ 나는 **서울에서** 산다. 장소 표현 **in Seoul** 서울에서

❸ 나는 서울에서 **행복하게** 산다. 방법 표현 **happily** 행복하게

❹ 나는 서울에서 **나의 가족과 함께** 행복하게 산다. 방법 표현 **with my family** 나의 가족과 함께

나는 서울에서 나의 가족과 함께 행복하게 산다.

| I | live | in Seoul | happily | with my family |

슈퍼
문장

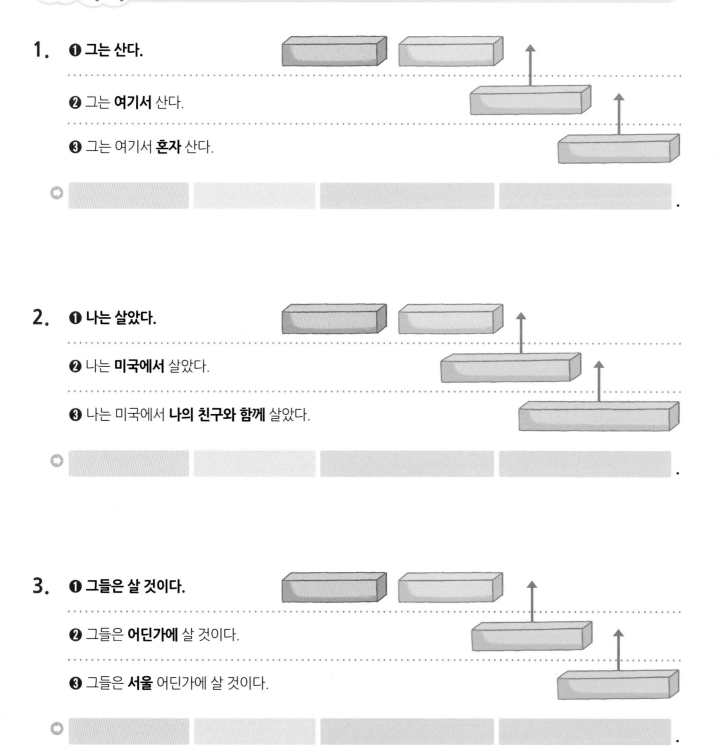

1. ❶ 그는 산다.

❷ 그는 **여기서** 산다.

❸ 그는 여기서 **혼자** 산다.

2. ❶ 나는 살았다.

❷ 나는 **미국에서** 살았다.

❸ 나는 미국에서 **나의 친구와 함께** 살았다.

3. ❶ 그들은 살 것이다.

❷ 그들은 **어딘가에** 살 것이다.

❸ 그들은 **서울** 어딘가에 살 것이다.

4. ❶ **우리는 산다.**

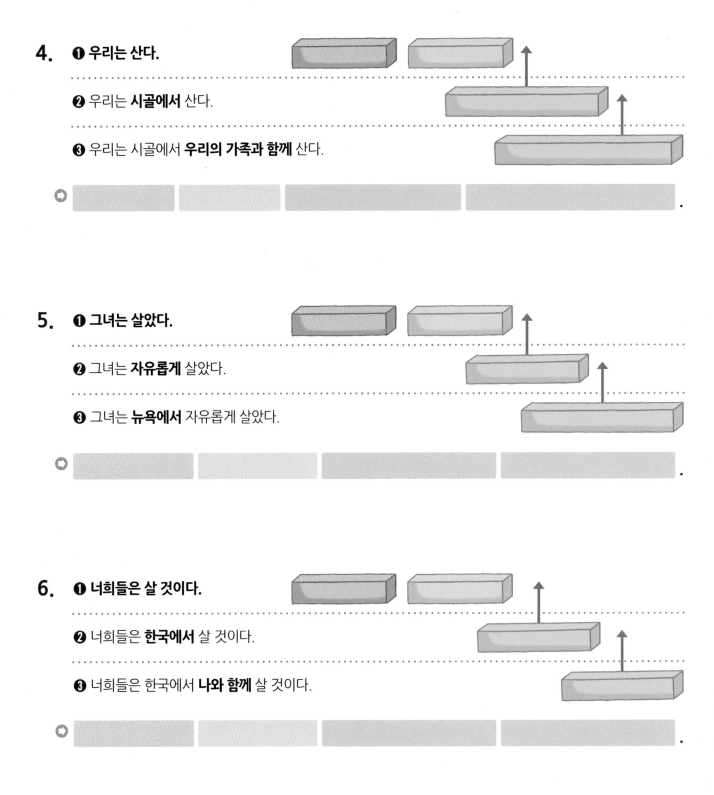

❷ 우리는 **시골에서** 산다.

❸ 우리는 시골에서 **우리의 가족과 함께** 산다.

▷ _____ _____ _____ _____ .

5. ❶ **그녀는 살았다.**

❷ 그녀는 **자유롭게** 살았다.

❸ 그녀는 **뉴욕에서** 자유롭게 살았다.

▷ _____ _____ _____ _____ .

6. ❶ **너희들은 살 것이다.**

❷ 너희들은 **한국에서** 살 것이다.

❸ 너희들은 한국에서 **나와 함께** 살 것이다.

▷ _____ _____ _____ _____ .

의문문 만들기

① Do/Does + 주어 + live?

'사니?, 살고 있나요?'라고 물을 땐 Do나 Does를 문장 맨 앞에 쓰고 맨 끝에 물음표를 붙여 줘요.
이때 동사는 항상 live를 써요.

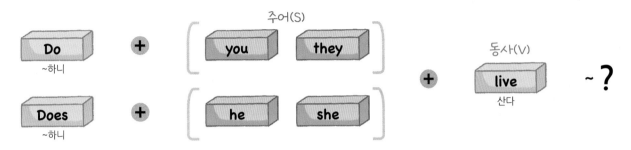

1. 너는 여기 사니?

⇨ |　|　|　|　| ?　　◁ Yes, I do.

2. 너희들은 해외에서 살고 있니?

⇨ |　|　|　| abroad | ?　　◁ No, we don't.

3. 그들은 미국에서 살고 있나요?

⇨ |　|　|　|　| ?　　◁ Yes, they do.

4. 그는 혼자 살고 있니?

⇨ |　|　|　|　| ?　　◁ Yes, he does.

5. 그녀는 그녀의 친구와 함께 사니?

⇨ |　|　|　|　| ?　　◁ Yes, she does.

6. 그는 뉴욕에서 행복하게 삽니까?

⇨ |　|　|　|　| ?

No, he doesn't.

② Did + 주어 + live?

Did를 문장 맨 앞에 쓰고 맨 끝에 물음표를 붙이면 '살았니?'라고 묻는 표현이 됩니다.

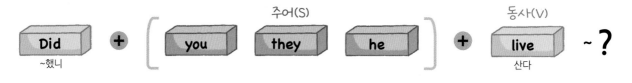

1. 너는 혼자 살았니?

? — Yes, I did.

2. 그들은 미국에서 살았니?

? — No, they didn't.

3. 그는 가난하게 살았나요?

? — No, he didn't.

③ Will + 주어 + live?

'살 거니?, 살 건가요?, 살까요?'라고 묻는 의문문에서는 Will을 문장 맨 앞에 쓰면 돼요.

1. 그녀는 도심에서 살 건가요?

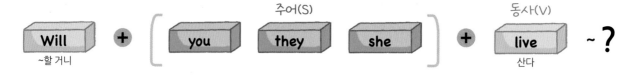

? — No, she won't.

2. 너는 (너의) 가족과 함께 살 거니?

? — Yes, I will.

3. 그들은 여기서 함께 살 건가요?

? — No, they won't.

동사 work를 이용하여 문장을 만들어 보세요.

일한다	work
	works
일했다	worked
일할 것이다	will work

긍정문

1. 그녀는 9시부터 5시까지 일해요.

☛ ⬜⬜⬜ ⬜⬜⬜ from nine to five .

2. 나는 여기에서 매일 일한다.

☛ ⬜⬜⬜ ⬜⬜⬜ ⬜⬜⬜ every day .

3. 그는 서울에서 열심히 일했습니다.

☛ ⬜⬜⬜ ⬜⬜⬜ ⬜⬜⬜ ⬜⬜⬜ .

4. 그들은 나와 함께 행복하게 일했다.

☛ ⬜⬜⬜ ⬜⬜⬜ ⬜⬜⬜ ⬜⬜⬜ .

5. 그는 미국 어딘가에서 일한다.

☛ ⬜⬜⬜ ⬜⬜⬜ ⬜⬜⬜ ⬜⬜⬜ .

6. 우리는 시골에서 조용히 일할 거예요.

☛ ⬜⬜⬜ ⬜⬜⬜ ⬜⬜⬜ ⬜⬜⬜ .

일하지 않는다	don't work
	doesn't work
일하지 않았다	didn't work
일하지 않을 것이다	won't work

부정문

1. 그는 일요일에는 일하지 않아요.

   ⬚ ＿＿＿＿ ＿＿＿＿ on Sundays .

2. 우리는 너무 늦게까지 일하지 않는다.

   ⬚ ＿＿＿＿ ＿＿＿＿ too late .

3. 그는 어제 일하지 않았다.

   ⬚ ＿＿＿＿ ＿＿＿＿ ＿＿＿＿ .

4. 그들은 사무실에서 열심히 일하지 않아요.

   ⬚ ＿＿＿＿ ＿＿＿＿ ＿＿＿＿ in the office .

5. 그녀는 여기에서 혼자 일하지 않을 겁니다.

   ⬚ ＿＿＿＿ ＿＿＿＿ ＿＿＿＿ ＿＿＿＿ .

6. 나는 (나의) 친구와 다시 일하지 않았다.

   ⬚ ＿＿＿＿ ＿＿＿＿ ＿＿＿＿ again .

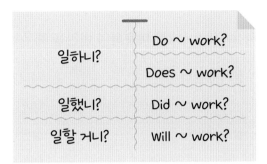

일하니?	Do ~ work?
	Does ~ work?
일했니?	Did ~ work?
일할 거니?	Will ~ work?

의문문

1. 그들은 서울에서 일할 거니?

◑ ☐ ☐ ☐ ☐ ?

2. 그들은 지난 주말에 일했나요?

◑ ☐ ☐ ☐ last weekend ?

3. 그녀는 일을 잘 하나요?

◑ ☐ ☐ ☐ well ?

4. 그는 여기서 혼자 일하니?

◑ ☐ ☐ ☐ ☐ ☐ ?

5. 너는 (너의) 가족과 함께 일하니?

◑ ☐ ☐ ☐ ☐ ?

6. 당신들은 어젯밤 늦게까지 일했나요?

◑ ☐ ☐ ☐ late last night ?

A. 우리말 뜻에 알맞게 동사 live와 work를 이용하여 빈칸을 채우세요.

1.

산다	살지 않는다	사니?
_____ / lives	_____ /doesn't live	Do/ _____ ~ live?
살았다	살지 않았다	살았니?
_____	_____ live	Did ~ _____ ?
살 것이다	살지 않을 것이다	살 거니?
_____ live	_____	_____ ~ live?

2.

일한다	일하지 않는다	일하니?
work / _____	don't/ _____ work	_____ /Does ~ work?
일했다	일하지 않았다	일했니?
_____	_____	Did ~ _____ ?
일할 것이다	일하지 않을 것이다	일할 거니?
_____ work	_____	_____ ~ _____ ?

B. 주어진 단어를 순서대로 배열해 보세요.

> 문장의 첫 글자는 대문자로 쓰고,
> 문장 끝에 문장 부호를 쓰세요.

3. America | lives | in | she

   ➡ _____

4. with | lived | his | he | family

   ➡ _____

5. happily | we | in | live | Seoul

   ➡ _____

6. don't | with | they | work | me

   ➡ _____

C. 주어진 문장을 지시대로 바꾸어 쓰세요.

7. He lives here alone.

   의문문 ➡

8. We will live in the country.

   부정문 ➡

9. I didn't live freely in New York.

   긍정문 ➡

10. She worked late last night.

    의문문 ➡

◆. 주어진 단어들을 이용하여 우리말에 맞게 문장을 완성해 보세요.

11. 그녀는 서울 어딘가에서 살 것이다. ·· somewhere

    ➡

12. 그는 여기에서 혼자 사니? ·· alone

    ➡

13. 그들은 미국에서 일하지 않는다. ·· America

    ➡

맞힌 개수 :

/13 개

명사

- ✔ cup 컵
- ○ fork 포크
- ○ pen 펜
- ○ eraser 지우개
- ○ orange 오렌지
- ○ sink 싱크대
- ○ table 탁자
- ○ chair 의자

- ○ door 문
- ○ floor 마루, 바닥
- ○ train 기차
- ○ mall 쇼핑몰
- ○ store 가게
- ○ bookstore 서점
- ○ people 사람들
- ○ children 아이들

- ○ exam 시험
- ○ party 파티
- ○ game 경기
- ○ soccer 축구
- ○ baseball 야구
- ○ tonight 오늘 밤
- ○ week 주
- ○ day 하루, 날

be

단어 & 문장 듣기

- 셀 수 없는 명사 -

- ○ food 음식
- ○ water 물
- ○ ice 얼음
- ○ rice 쌀, 밥
- ○ sugar 설탕

대명사

- ○ someone 어떤 사람, 누구
- ○ anyone 누구, 아무

전치사

- ○ at (장소) ~에
- ○ on (장소) ~(위)에
- ○ in (장소) ~(안)에

형용사

- ○ some 약간의
- ○ many 많은
- ○ any 어떠한
- ○ first 첫 번째의
- ○ second 두 번째의
- ○ third 세 번째의
- ○ every 매~, ~마다
- ○ last 지난

문장의 뼈대 만들기   Ⅰ There is와 There isn't

개념 쏙쏙   부모님이나 선생님, 친구와 역할을 나눠서 읽어 보세요.

❶

선생님, 이 근처에 서점이 있어요?

Yes, there is.

❷
엉? there is요? 그건 뭔 뜻이래요?

오늘 배우게 될 거예요. 먼저, be동사에 대해 볼게요.

be동사 (am, are, is)의 두 가지 뜻
1) ~ 이다
2) ~ 있다

❸
혹시 there is가 '거기 있다'는 뜻이에요?

아니, 여기서 there는 아무 뜻이 없어요. There is는 그냥 '~이 있다'라고 해석해요.

There is는 사람/사물의 존재나 위치를 나타낼 때 쓰는 표현이에요.

❹
근데, 주어는 어디에 써요? 원래 문장 맨 앞에 와야 하잖아요.

그렇죠. 예외적으로 There is는 그 뒤에 주어가 와요.

❺
그럼, '서점이 있다.'는 There is bookstore. 라고 하면 되겠네요?

서점은 셀 수 있으니까 하나인 경우는 a와 함께 써요.

❻

There is a bookstore.

That's it! is는 사물이나 사람 주어가 하나인 경우에 써요.

There is + 단수 주어

❼
자, 이번엔 any water를 써서 '물이 하나도 없다.'를 표현해 볼까요?

'없다'니까 동사 뒤에 not만 붙여 주면 되겠죠? There is not any water.

Wonderful! is not을 줄여서 isn't로 쓸 수도 있어요.

❽
그렇네요! There isn't any water.

is not → isn't

① There is ~이 있다

주어가 하나인 경우에 '~이 있다'라고 할 땐 There is를 써요. 이때 주어는 단수 형태로 써 줘야 해요.

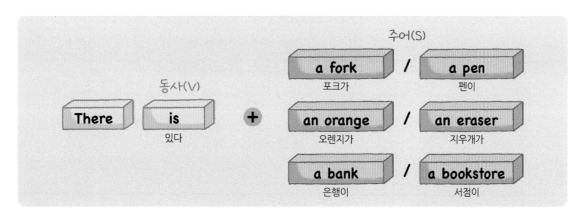

포크가 (하나) 있다.   **There is** a fork.

오렌지가 (하나) 있다.   **There is** an orange.

은행이 (하나) 있다.   **There is** a bank.

> orange처럼 첫소리가 모음으로 시작하는 단어 앞에는 a 대신에 an을 써요.

② There isn't ~이 없다

주어가 하나인 경우 또는 셀 수 없는 명사인 경우에는 '~이 없다'라고 할 땐 There isn't를 써요. isn't는 is not을 줄인 말이에요.

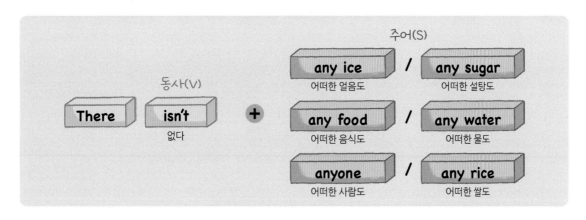

얼음이 전혀 없다.   **There isn't** any ice.

설탕이 전혀 없다.   **There isn't** any sugar.

아무도 없다.   **There isn't** anyone.

> ice, sugar, water, rice와 같은 셀 수 없는 명사는 복수형이 없고, 단수로만 취급해요.

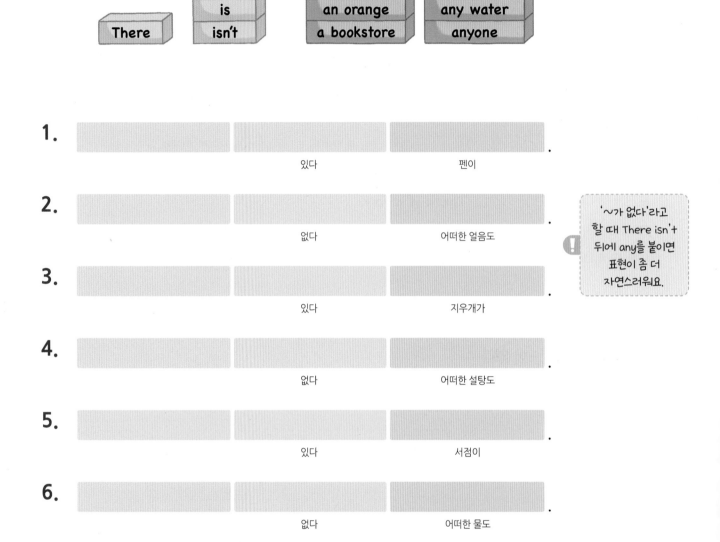

주어(S)

동사(V)

a pen	any ice
an eraser	any sugar
an orange	any water
a bookstore	anyone

is
isn't

There

1.
　　　있다　　　　　　펜이 .

2.
　　　없다　　　　　어떠한 얼음도 .

'~가 없다'라고 할 때 There isn't 뒤에 any를 붙이면 표현이 좀 더 자연스러워요.

3.
　　　있다　　　　　지우개가 .

4.
　　　없다　　　　어떠한 설탕도 .

5.
　　　있다　　　　　서점이 .

6.
　　　없다　　　　어떠한 물도 .

7.
　　　있다　　　　　오렌지가 .

8.
　　　없다　　　　어떠한 사람도 .

문장의 뼈대 만들기

Ⅱ There are와 There aren't

개념 쏙쏙 부모님이나 선생님, 친구와 역할을 나눠서 읽어 보세요.

선생님, 복도에 의자가 세 개 있던데요? ❶

Yes, there are.

There are? 지난번엔 There is라고 하시더니…. ❷

Good memory! 왜 이번엔 are를 썼을까요?

음…, 의자가 세 개라서요? ❸

Right!

There are + 복수 주어

이때 복수가 원수를 갚는 그 복수는 아니겠죠? 큭큭.

호호호, 여기서 복수는 두 개 이상, 즉 여러 개라는 의미예요. 영어는 수를 정확히 표시하는 언어랍니다. 셀 수 있는지, 없는지 따져 보고 셀 수 있다면 몇 개인지 꼭 나타내요. ❹

사물의 이름을 나타내는 명사가 복수면 그 뒤에 -s를 붙여 주죠. 연습 좀 해볼까요? ❺

I'm ready!

의자 한 개
의자 두 개
의자 세 개
의자 몇 개
많은 의자들

a chair
two chairs
three chairs
some chairs
many chairs ❻

Great! 이번엔 '의자가 몇 개 있다.'를 말해 볼까요? ❼

There are some chairs.
'의자가 없다.'는 There are not some chairs!

not이 들어간 부정문에서는 some 대신에 any를 써요. isn't처럼 are not도 aren't로 줄여 쓸 수 있어요. ❽

are not → aren't

긍정문에서는 some을, 부정문이나 의문문에서는 any를 써요.

아하! 그럼,
There aren't any chairs. ❾

Excellent!

정리착착 단어 블록을 합체하여 문장 구조를 정리해 보세요.

① There are ~이 있다

주어가 둘 이상인 경우에 '~이 있다'라고 할 땐 There are를 써요. 이때 are 뒤에 나오는 주어는 항상 복수 형태로 써 줘야 해요.

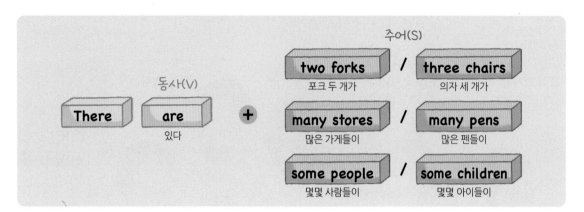

의자가 세 개 있다.	**There are** three chairs.
펜이 많이 있다.	**There are** many pens.
사람들이 몇 명 있다.	**There are** some people.

> a child와 a person은 복수형을 만들 때 -s를 붙이지 않아요.
> a child → children
> a person → people

② There aren't ~이 없다

주어가 둘 이상인 경우에 '~이 없다'라고 할 땐 There aren't를 써요. aren't는 are not을 줄인 말이에요.

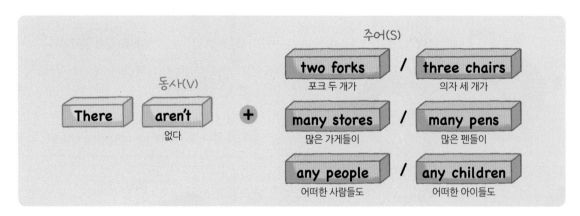

포크 두 개가 없다.	**There aren't** two forks.
펜이 많이 없다.	**There aren't** many pens.
아이들이 하나도 없다.	**There aren't** any children.

> 부정문에서는 some 대신에 any를 써요.

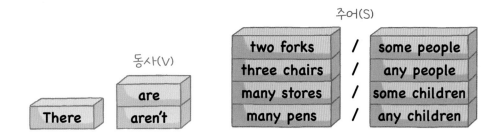

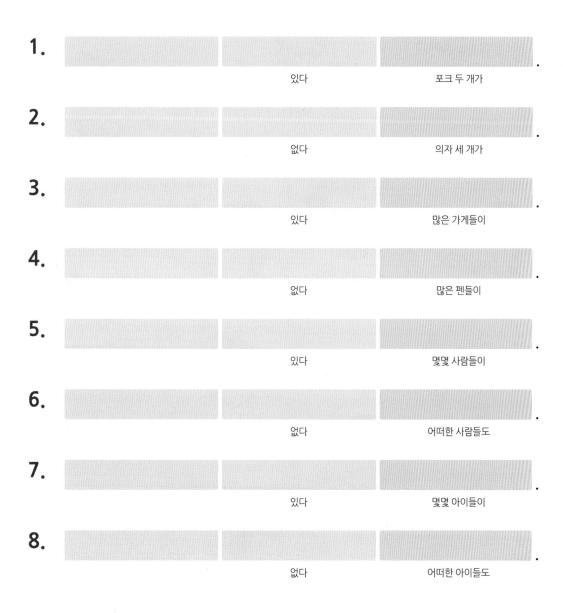

1.   .
                         있다   포크 두 개가

2.   .
                         없다   의자 세 개가

3.   .
                         있다   많은 가게들이

4.   .
                         없다   많은 펜들이

5.   .
                         있다   몇몇 사람들이

6.   .
                         없다   어떠한 사람들도

7.   .
                         있다   몇몇 아이들이

8.   .
                         없다   어떠한 아이들도

문장의 뼈대 만들기 Ⅲ There was와 There wasn't

개념 쏙쏙 부모님이나 선생님, 친구와 역할을 나눠서 읽어 보세요.

❶ 이번엔 be동사의 과거 형태를 배워 봐요.

과거형이면 be에 -ed를 붙이고, e가 두 번 겹치니까 하나를 생략해서 bed가 되겠네요. I bed. / You bed. / She bed.

❷ be동사는 불규칙 변화를 해요. is의 과거는 was! 그럼, 문장 뼈대는?

<There was + 주어>가 돼야겠죠. 이때도 주어는 단수여야 하죠?

There was + 단수 주어

❸ Right! '시험이 있었다.'를 말해 볼까요?

문장 뼈대에 단어를 넣어 주면… There was a exam.

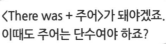

❹ 다시 잘 생각해 봐요. exam, apple, orange, umbrella처럼 단어 첫 글자의 발음이 모음일 땐 a 대신 쓰는 게 있는데?

아, 맞다! There was an exam.

❺ Well done! 하나 더 해볼까요? '물이 있었다.'는?

이건 자신 있어요. There was a water.

❻ 물을 셀 수 있던가?

아참! 물은 못 세죠? There was water.

셀 수 없는 명사 (water, milk, bread, money) 앞에는 a를 쓰지 않아요.

❼ Good! 근데, 셀 수 없는 명사 앞에 some을 넣으면 좀 더 자연스런 문장이 돼요.

There was some water.

❽ That's it! 이번엔 '물이 전혀 없었다.'를 말해 봐요.

'없었다'니까 was not, 이걸 줄이면 wasn't. 그러니까 There wasn't some water….

❾ 부정문에서는 some 대신에 any를 쓴다고 했죠? 휴우~ 큰일 날 뻔했네. **There wasn't any water.**

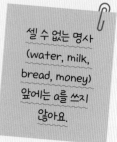

❶ There was ~이 있었다

주어가 하나이거나 셀 수 없는 명사인 경우에 '~이 있었다'라고 할 땐 There was를 써요. There is와 마찬가지로 was 뒤의 주어는 단수 형태여야 해요.

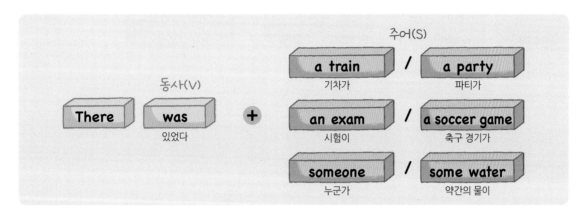

파티가 있었다.	**There was** a party.
시험이 있었다.	**There was** an exam.
누군가 있었다.	**There was** someone.

❷ There wasn't ~이 없었다

주어가 하나인 경우에 '~이 없었다'라고 할 땐 There wasn't를 써요. 부정문에서는 some 대신에 any를 써요.

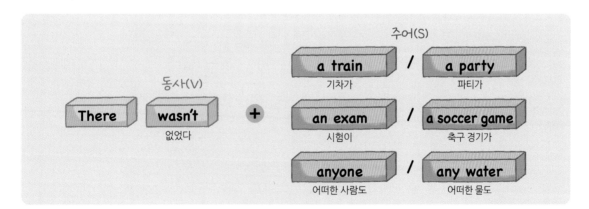

기차가 없었다.	**There wasn't** a train.
축구 경기가 없었다.	**There wasn't** a soccer game.
물이 전혀 없었다.	**There wasn't** any water.

> some과 any 뒤에는 단수, 복수 명사 둘 다 쓸 수 있어요.

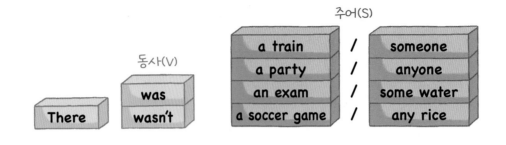

1. _____ _____ _____ .
   　　　　　　　　 있었다　　　　　　　　 기차가

2. _____ _____ _____ .
   　　　　　　　　 없었다　　　　　　　　 파티가

3. _____ _____ _____ .
   　　　　　　　　 있었다　　　　　　　　 시험이

4. _____ _____ _____ .
   　　　　　　　　 없었다　　　　　　　　 축구 경기가

5. _____ _____ _____ .
   　　　　　　　　 있었다　　　　　　　　 누군가

6. _____ _____ _____ .
   　　　　　　　　 없었다　　　　　　　　 어떠한 사람도

7. _____ _____ _____ .
   　　　　　　　　 있었다　　　　　　　　 약간의 물이

8. _____ _____ _____ .
   　　　　　　　　 없었다　　　　　　　　 어떠한 쌀도

개념 쏙쏙 부모님이나 선생님, 친구와 역할을 나눠서 읽어 보세요.

❶ 오늘 배울 과거 동사가 were인데, 어느 be동사와 관련 있을까요?

be동사에는 am, are, is가 있는데… 음… are요. 둘이 모양이 닮았어요. is도 was로 바뀌었잖아요.

❷ 호호호, 잘 맞혔어요. were는 '있었다'는 뜻으로 are의 과거형이에요. 따라서 복수 주어와 함께 써야 해요.

are — were

There were + 복수 주어

❸ 명사의 복수형은 보통 단어 끝에 -s를 붙여 줘요. 단, 예외도 있어요. -s를 붙이지 않고 특이한 변화를 하는 단어들이 있어요. a child는 children, a person은 people로 변신하죠. 이런 단어들은 나올 때마다 잘 익혀 두세요.

❹ 문장을 만들기 전에 명사의 복수형을 잠깐 연습해 볼까요?

OK. I'm ready!

포크 두 개
포크 몇 개
많은 포크들
몇몇 사람들
몇몇 아이들

명사의 복수

❺ two forks
some forks
many forks
some people
some children

❻ Excellent! '포크가 몇 개 있었다.'를 영어 문장으로 표현해 봐요.

There were some forks.

❼ Great! 이번엔 '포크가 하나도 없었다.'고 해볼까요?

There were not any forks.

❽ Very good! were not은 weren't로 줄여 쓸 수 있어요.

were not ➡ weren't

There weren't any forks.

1 There were ~이 있었다

주어가 여럿인 경우에 '~이 있었다'라고 할 땐 There were를 써요. 이때 There were 뒤의 주어는 항상 복수 형태여야 해요.

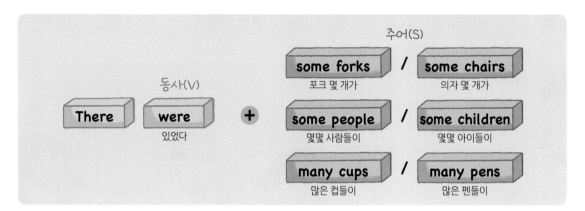

의자가 몇 개 있었다.　　　　**There were** some chairs.

아이들이 몇 명 있었다.　　　**There were** some children.

컵이 많이 있었다.　　　　　**There were** many cups.

2 There weren't ~이 없었다

주어가 여럿인 경우에 '~이 없었다'라고 할 땐 There weren't를 써요. weren't는 were not을 줄인 말이에요.

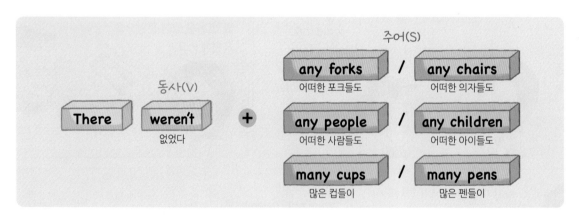

포크가 하나도 없었다.　　　**There weren't** any forks.

사람들이 하나도 없었다.　　**There weren't** any people.

펜이 많이 없었다.　　　　　**There weren't** many pens.

> ❗ some, any 뒤에는 단수나 복수 명사 둘 다 쓸 수 있어요. many(많은)는 항상 복수 명사와 함께 써야 해요.

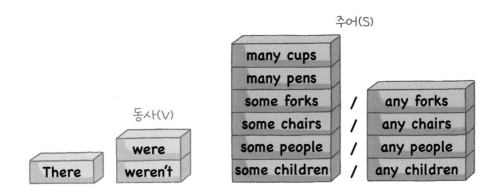

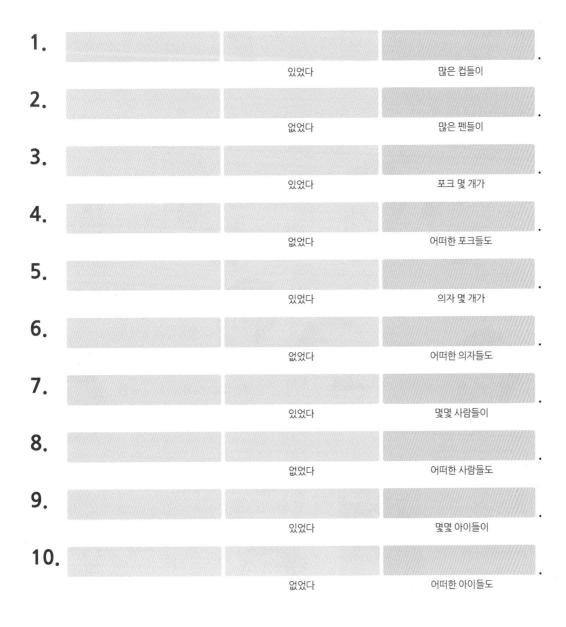

1. _____ _____ _____ .
   있었다　　　　　많은 컵들이

2. _____ _____ _____ .
   없었다　　　　　많은 펜들이

3. _____ _____ _____ .
   있었다　　　　　포크 몇 개가

4. _____ _____ _____ .
   없었다　　　　　어떠한 포크들도

5. _____ _____ _____ .
   있었다　　　　　의자 몇 개가

6. _____ _____ _____ .
   없었다　　　　　어떠한 의자들도

7. _____ _____ _____ .
   있었다　　　　　몇몇 사람들이

8. _____ _____ _____ .
   없었다　　　　　어떠한 사람들도

9. _____ _____ _____ .
   있었다　　　　　몇몇 아이들이

10. _____ _____ _____ .
   없었다　　　　　어떠한 아이들도

문장에 살 붙이기 Ⅰ 장소 표현

개념 쏙쏙 부모님이나 선생님, 친구와 역할을 나눠서 읽어 보세요.

① 선생님! There is를 쓸 때 장소 표현도 함께 써 주면 어떨까요? '탁자 위에 포크가 있다.', '싱크대 안에 포크가 있다.'고 할 때도 있잖아요.

② 그럼요! 〈There + be동사〉 뼈대에도 여러 가지 장소 표현을 붙여 줄 수 있어요. 주어 뒤에 합체해 주면 된답니다.

There + be동사 + 주어 + 장소 표현

③ '바닥에 펜이 하나 있다.'를 표현해 볼까요? '바닥에'는 on the floor라고 해요.

주어 뒤에 장소 표현을 붙이면 되니까 There is a pen on the floor.

④ Very good! 층을 이야기할 때도 floor를 써요. '1층'은 뭐라고 할까요?

one floor 아닌가요?

⑤ 그건 '한 층'이란 의미고, 영어에서는 first라는 서수를 써서 on the first floor라고 해요.

the fourth
the third
the second
the first

* 서수: 순서를 나타내는 수

⑥ '은행은 2층에 있다.'를 말해 볼까요?

There is a bank on the second floor.

⑦ Great! 이번엔 '문밖에, 즉 현관에 누군가 왔어요.'라는 문장을 표현해 봐요.

'문에'는 on the door라고 하면 되겠죠? There is someone on the door.

⑧ 음, 그렇게 말하면 문에 사람이 스파이더맨처럼 딱 붙어 있는 모습을 떠올리게 돼요. 문 앞이나 현관에 사람이 서 있는 경우엔 at the door라고 해요.

on the door

⑨ 헉! 전치사에 따라 의미가 완전 달라지네요! 다시 해 볼게요. There is someone at the door.

Wonderful!

❶ on + 장소 표현

주어 뒤에 on을 붙인 장소 표현들을 합체해 봅시다.

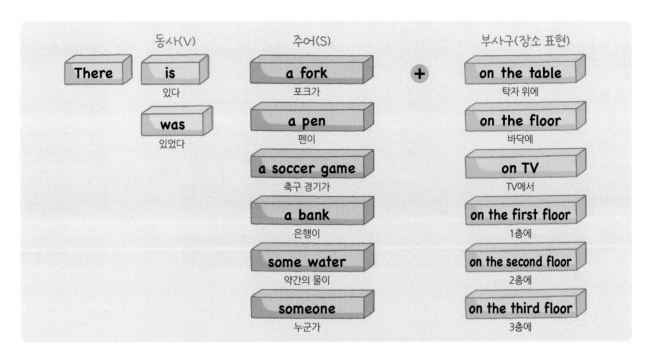

❷ at/in + 장소 표현

이번엔 주어 뒤에 at이나 in을 붙인 장소들을 합체해 볼까요?

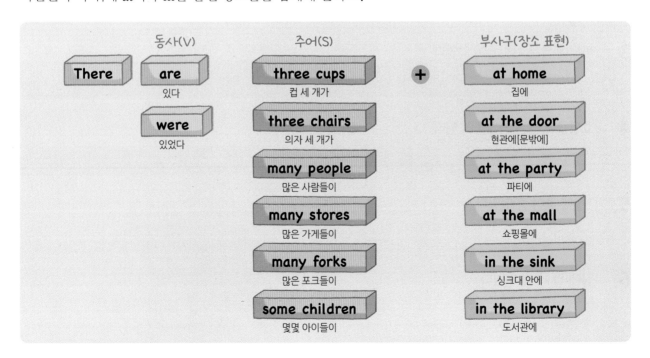

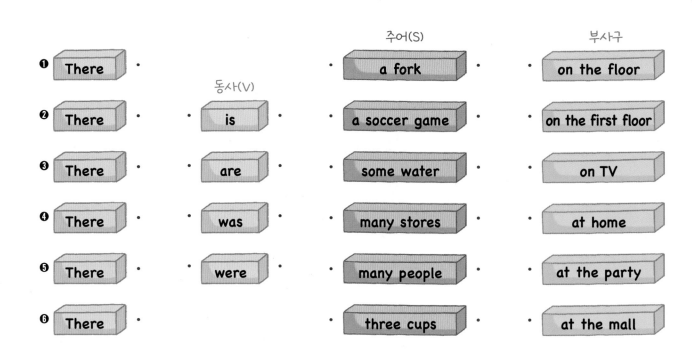

1. 포크 하나가 바닥에 있었다.

   ⊙ _____

2. TV에서 축구 경기를 방송하고 있다.

   ⊙ _____

3. 파티에 많은 사람들이 있었다.

   ⊙ _____

4. 쇼핑몰에 많은 가게들이 있다.

   ⊙ _____

5. 1층에 물이 좀 있었다.

   ⊙ _____

6. 집에 컵 세 개가 있다.

   ⊙ _____

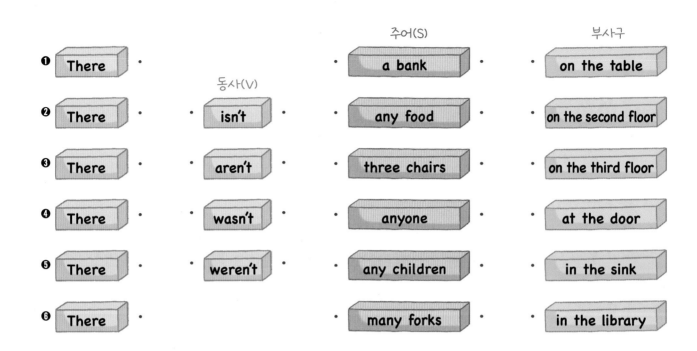

1. 은행은 2층에 없었다.
   ○ _____ _____ _____ _____ .

2. 탁자 위에 음식이 하나도 없다.
   ○ _____ _____ _____ _____ .

3. 현관에 의자 세 개가 없었다.
   ○ _____ _____ _____ _____ .

4. 3층에는 아무도 없다.
   ○ _____ _____ _____ _____ .

5. 도서관에 아이들이 하나도 없다.
   ○ _____ _____ _____ _____ .

6. 싱크대 안에 포크가 많이 없었다.
   ○ _____ _____ _____ _____ .

개념 쏙쏙 부모님이나 선생님, 친구와 역할을 나눠서 읽어 보세요.

❶
오늘 축구 경기가 몇 시에 있어요?

3시에 있어요. 이번엔 꼭 한 골 넣을 거예요!

❷
Good luck! 이번엔 <There + be동사> 뒤에 시간 표현을 붙여 보도록 해요. 음, '3시에 축구 경기가 있다.'를 말해 볼까요?

There + be동사 + 주어 + 시간 표현

❸
'3시에'는 at three라고 하면 되니까 There is a soccer game at three.

Very good!

❹
자, 이번엔 '어제 파티가 있었다.'를 한번 만들어 볼까요?

There was a party yesterday.

❺
Excellent! 전치사 없이 시간을 나타내는 표현들을 알아두면 좋을 거예요. 함께 확인해 볼까요?

지난주
매일
오늘 밤
어젯밤
매일 밤

시간 표현

❻
last week
every day
tonight
last night
every night

❼
Perfect! 자, 이제 좀 더 어려운 문제를 내볼게요. '월요일 3시'는 어떻게 표현할까요?

어…, on Monday at three?

❽
음, 시간 표현을 쓸 땐 짧은 단위의 시간 표현을 먼저 써 줘야 해요. 그래서 '월요일 3시'는 at three on Monday라고 써야 해요.

❾
아~, 그럼, '어제 7시'는 at seven yesterday라고 하면 되겠네요?

That's it!

시간을 나타내는 표현을 쓸 땐 짧은 단위를 먼저, 긴 단위를 뒤에 써요.

정리착착 단어 블록을 합체하여 문장 구조를 정리해 보세요.

1 at/on + 시간 표현

전치사 at 이나 on이 필요한 시간 표현을 합체해 봐요. 시간 앞에는 at을, 요일 앞에는 on을 붙여 줘요.

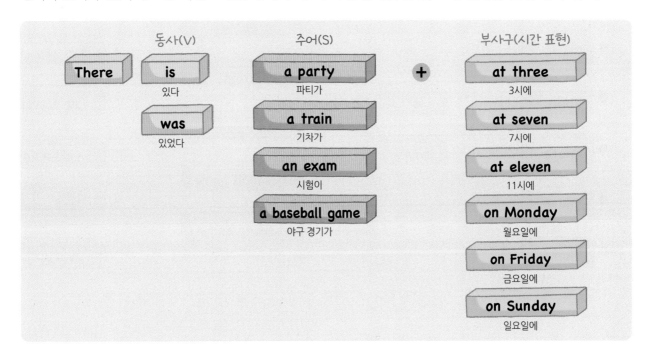

2 시간 표현

이번엔 전치사의 도움이 필요 없는 시간 표현을 합체해 봐요.

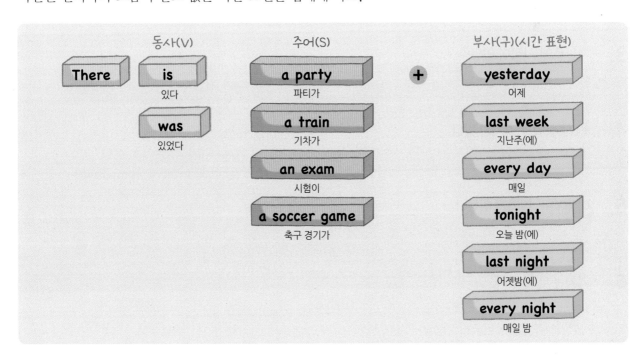

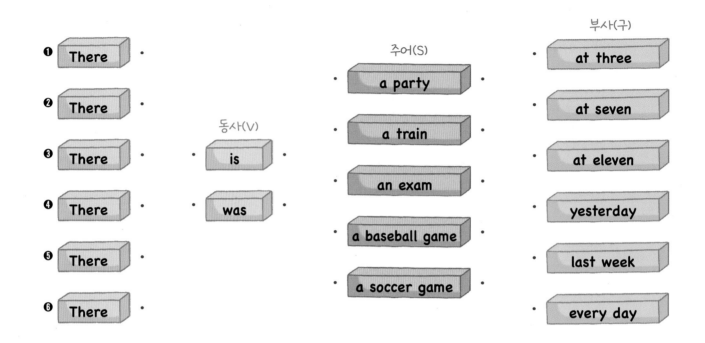

1. 7시에 파티가 있었다.

⟹ _____ _____ _____ _____ .

2. 기차가 3시에 있다.

⟹ _____ _____ _____ _____ .

3. 지난주에 시험이 있었다.

⟹ _____ _____ _____ _____ .

4. 11시에 야구 경기가 있다.

⟹ _____ _____ _____ _____ .

5. 어제 축구 경기가 있었다.

⟹ _____ _____ _____ _____ .

6. 기차는 매일 있다.

⟹ _____ _____ _____ _____ .

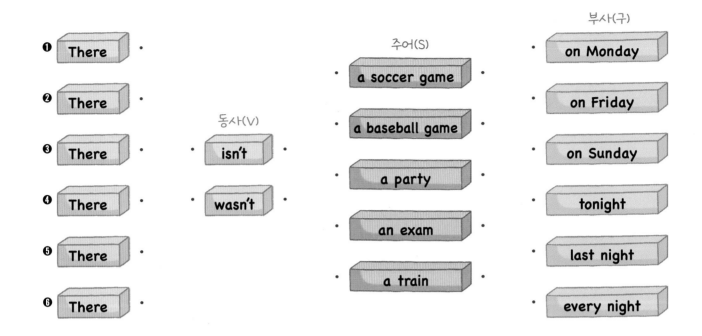

1. 일요일에는 축구 경기가 없다.

   ⟳ [ ] [ ] [ ] [ ] .

2. 어젯밤에는 야구 경기가 없었다.

   ⟳ [ ] [ ] [ ] [ ] .

3. 월요일에는 파티가 없다.

   ⟳ [ ] [ ] [ ] [ ] .

4. 금요일에는 시험이 없었다.

   ⟳ [ ] [ ] [ ] [ ] .

5. 오늘 밤에는 기차가 없다.

   ⟳ [ ] [ ] [ ] [ ] .

6. 파티가 매일 밤 있지는 않았다.

   ⟳ [ ] [ ] [ ] [ ] .

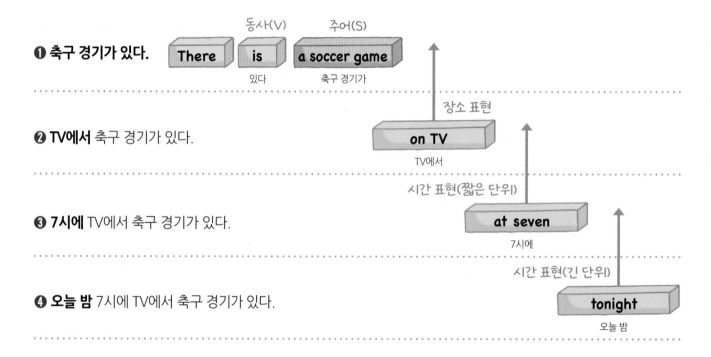

정리 착착 문장 뼈대에 단어 블록들을 하나씩 합체하면서 문장 구조를 정리해 보세요.

시간 표현이 두 가지 나올 땐 짧은 단위를 먼저, 긴 단위를 뒤에 써 줘요.

❶ 축구 경기가 있다.

동사(V)
주어(S)

There   is   a soccer game
있다   축구 경기가

❷ TV에서 축구 경기가 있다.

장소 표현

on TV
TV에서

❸ 7시에 TV에서 축구 경기가 있다.

시간 표현(짧은 단위)

at seven
7시에

❹ 오늘 밤 7시에 TV에서 축구 경기가 있다.

시간 표현(긴 단위)

tonight
오늘 밤

오늘 밤 7시에 TV에서 축구 경기가 있다.

There   is   a soccer game   on TV   at seven   tonight

슈퍼
문장

1. ❶ 사람들이 많이 있었다.

❷ **쇼핑몰에** 사람들이 많이 있었다.

❸ **어제** 쇼핑몰에 사람들이 많이 있었다.

2. ❶ 서점이 하나 있다.

❷ **1층에** 서점이 하나 있다.

❸ **쇼핑몰의** 1층에 서점이 하나 있다.

of the mall

3. ❶ 아이들이 많이 있다.

❷ **2층에** 아이들이 많이 있다.

❸ **도서관의** 2층에 아이들이 많이 있다.

of the library

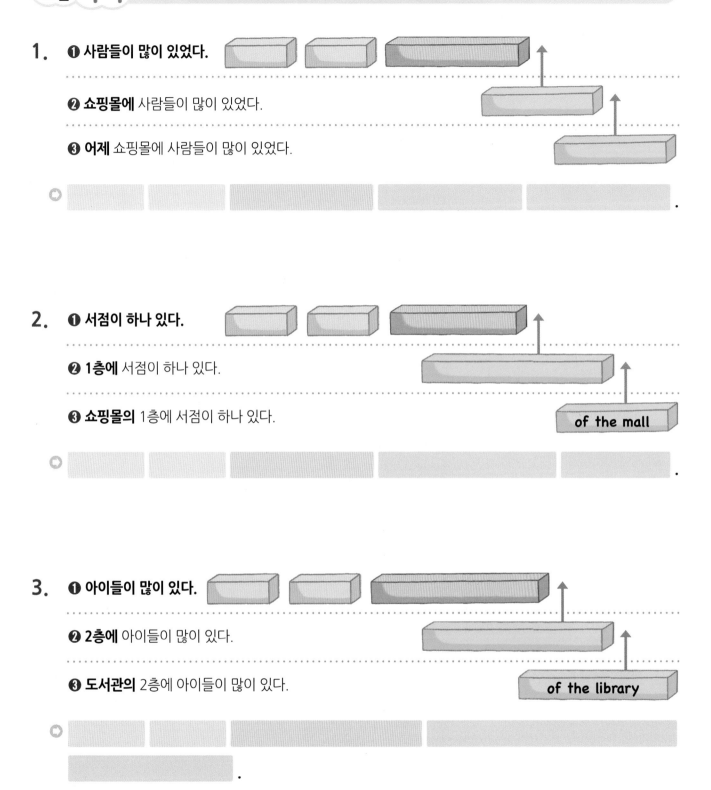

4. ❶ **기차가 한 대 있다.**

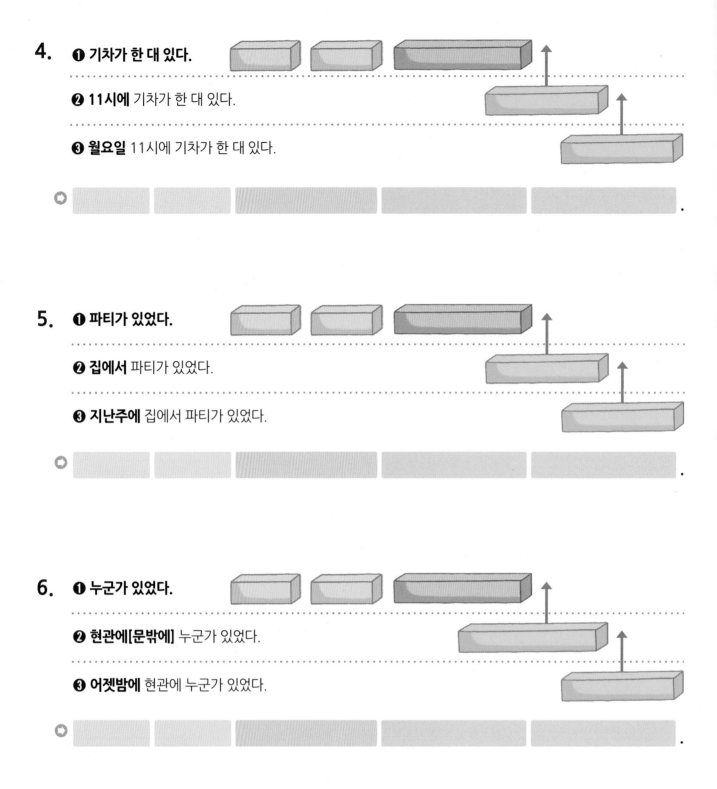

❷ **11시에** 기차가 한 대 있다.

❸ **월요일** 11시에 기차가 한 대 있다.

5. ❶ **파티가 있었다.**

❷ **집에서** 파티가 있었다.

❸ **지난주에** 집에서 파티가 있었다.

6. ❶ **누군가 있었다.**

❷ **현관에[문밖에]** 누군가 있었다.

❸ **어젯밤에** 현관에 누군가 있었다.

의문문 만들기

① Is there + 단수 주어?

주어가 하나인 경우에 '~가 있니, ~가 있나요?'라고 물을 땐 Is there ~?로 질문합니다.

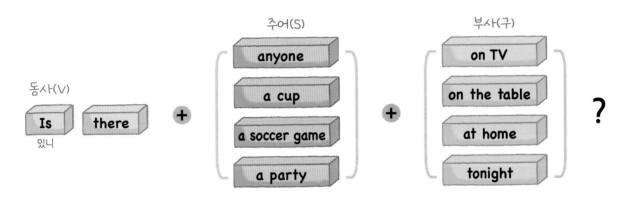

1. 집에 누군가 있나요?

   ⟹ [   ] ? ◄ Yes, there is.

2. 탁자 위에 컵이 (하나) 있니?

   ⟹ [   ] ? ◄ Yes, there is.

3. TV에서 축구 경기를 방송하니?

   ⟹ [   ] ? ◄ No, there isn't.

4. 오늘 밤에 파티가 있습니까?

   ⟹ [   ] ? ◄ No, there isn't.

② Are there + 복수 주어?

주어가 둘 이상인 경우에 '~가 있니?, ~가 있나요?'라고 물을 땐 Are there ~?로 질문하면 돼요.

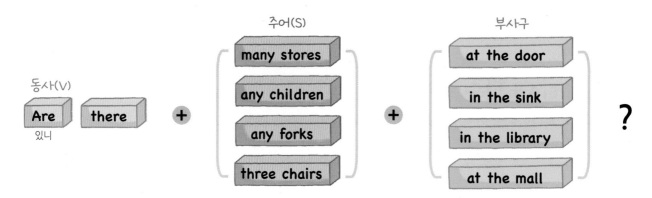

1. 쇼핑몰에 가게가 많이 있나요?
   ⟹ [_____] [_____] [_____] [_____] ? ◁ No, there aren't.

2. 싱크대 안에 포크들이 좀 있니?
   ⟹ [_____] [_____] [_____] [_____] ? ◁ Yes, there are.

3. 현관에 의자 세 개가 있니?
   ⟹ [_____] [_____] [_____] [_____] ? ◁ No, there aren't.

4. 도서관에 아이들이 좀 있습니까?
   ⟹ [_____] [_____] [_____] [_____] ?

   Yes, there are.

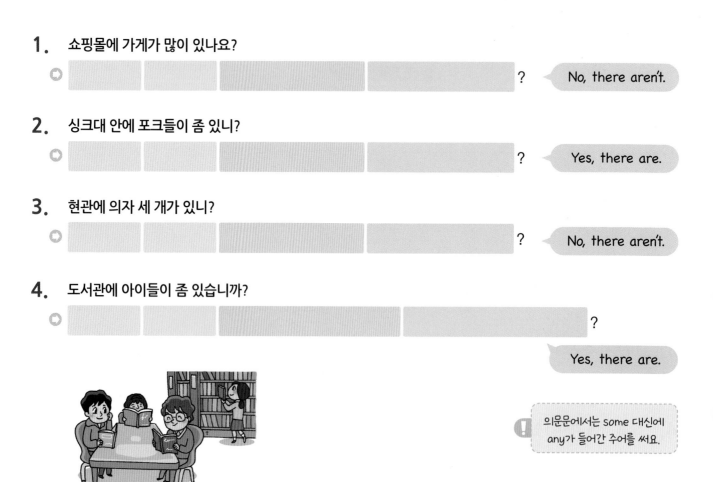

의문문에서는 some 대신에 any가 들어간 주어를 써요.

③ Was there + 단수 주어?

주어가 하나인 경우에 '~가 있었니?, ~가 있었나요?'라고 물을 땐 Was there ~?로 질문해요.

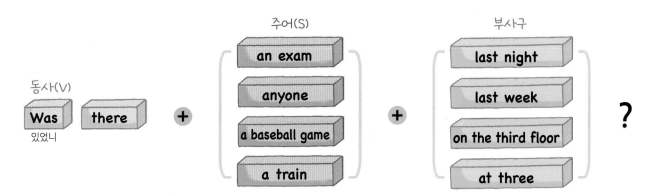

1. 3시에 시험이 있었니?

   ○ [   ] [   ] [   ] [   ] ? ◁ Yes, there was.

2. 어젯밤에 기차가 있었니?

   ○ [   ] [   ] [   ] [   ] ? ◁ Yes, there was.

3. 지난주에 야구 경기가 있었나요?

   ○ [   ] [   ] [   ] [   ] ?

   No, there wasn't.

4. 3층에 누군가 있었나요?

   ○ [   ] [   ] [   ] [   ] ?

   No, there wasn't.

④ Were there + 복수 주어?

주어가 둘 이상인 경우에 '~가 있었니?, ~가 있었나요?'라고 물을 땐 Were there ~?로 질문해요.

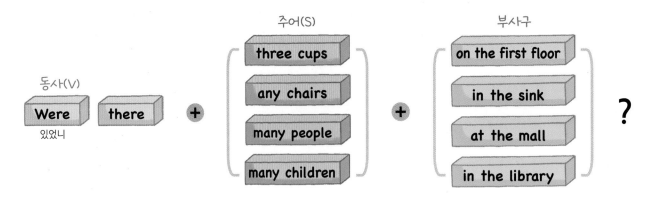

1. 싱크대 안에 컵이 세 개 있었나요?

◯ [ ] [ ] [ ] [ ] ? ◀ Yes, there were.

2. 도서관에 사람들이 많았니?

◯ [ ] [ ] [ ] [ ] ? ◀ No, there weren't.

3. 쇼핑몰에 아이들이 많았니?

◯ [ ] [ ] [ ] [ ] ?

Yes, there were.

4. 1층에 의자가 좀 있었나요?

◯ [ ] [ ] [ ] [ ] ?

No, there weren't.

CHALLENGE!

be동사와 괄호 안에 주어진 표현들을 이용하여 문장을 만들어 보세요.

~이 있다	There is ~
	There are ~
~이 있었다	There was ~
	There were ~
~이 있을 것이다	There will be ~

긍정문

1. 내일 시험이 하나 있을 거예요. (test, tomorrow)
   ➡ [   ] [   ] [   ] .

2. 욕실에 거미 한 마리가 있었다. (spider, in the bathroom)
   ➡ [   ] [   ] [   ] .

3. 천장에 파리 한 마리가 있다. (fly, on the ceiling)
   ➡ [   ] [   ] [   ] .

4. 저쪽에 꽃들이 좀 있다. (flowers, over there)
   ➡ [   ] [   ] [   ] .

5. 버스 정류장에 사람들이 많았어요. (people, at the bus station)
   ➡ [   ] [   ] [   ] .

6. 길 건너편에 식당이 하나 있어요. (restaurant, across the road)
   ➡ [   ] [   ] [   ] .

~이 없다	There isn't ~
	There aren't ~
~이 없었다	There wasn't ~
	There weren't ~
~이 없을 것이다	There won't be ~

부정문

1. 달라지는 건(변화가) 전혀 없을 거예요. (changes)

⇨ _____ _____ .

2. 수영장에 물이 하나도 없었어요. (water, in the pool)

⇨ _____ _____ _____ .

3. 그 병에는 설탕이 하나도 없다. (sugar, in the jar)

⇨ _____ _____ _____ .

4. 그 시간엔 기차가 전혀 없어요. (trains, at that time)

⇨ _____ _____ _____ .

5. 그 정원에는 나무가 하나도 없다. (trees, in the garden)

⇨ _____ _____ _____ .

6. 길에 아무런 표지판도 없었다. (signs, on the road)

⇨ _____ _____ _____ .

~이 있니?	Is there ~?
	Are there ~?
~이 있었니?	Was there ~?
	Were there ~?
~이 있을까?	Will there be ~?

의문문

1. 표가 좀 있나요? (any tickets)

➔ 　　　　　　　　　　　　　　　　　　?

2. 창가 쪽 자리가 하나 있나요? (window seat)

➔ 　　　　　　　　　　　　　　　　　　?

3. 그 밖에 또 뭐가 있을까요? (anything else)

➔ 　　　　　　　　　　　　　　　　　　?

4. 그 동물원에 얼룩말이 좀 있었니? (zebras, at the zoo)

➔ 　　　　　　　　　　　　　　　　　　　　　　　?

5. 이 근처에 호텔이 있었나요? (hotel, near here)

➔ 　　　　　　　　　　　　　　　　　　　　　　　?

6. 냉장고에 우유가 좀 있니? (milk, in the refrigerator)

➔ 　　　　　　　　　　　　　　　　　　　　　　　?

A. 우리말 뜻에 알맞게 be동사를 이용하여 빈칸을 채우세요.

1.

(단수 주어) ~이 있다	(단수 주어) ~이 없다	(단수 주어) ~이 있니?
There _____ ~	There _____ ~	_____ there ~?
(단수 주어) ~이 있었다	**(단수 주어) ~이 없었다**	**(단수 주어) ~이 있었니?**
_____ ~	_____ ~	_____ ~?
(단수 주어) ~이 있을 것이다	**(단수 주어) ~이 없을 것이다**	**(단수 주어) ~이 있을까?**
There _____ ~	There _____ ~	_____ there _____ ~?

2.

(복수 주어) ~이 있다	(복수 주어) ~이 없다	(복수 주어) ~이 있니?
There _____ ~	There _____ ~	_____ there ~?
(복수 주어) ~이 있었다	**(복수 주어) ~이 없었다**	**(복수 주어) ~이 있었니?**
_____ ~	_____ ~	_____ ~?
(복수 주어) ~이 있을 것이다	**(복수 주어) ~이 없을 것이다**	**(복수 주어) ~이 있을까?**
There _____ ~	There _____ ~	_____ there _____ ~?

B. 주어진 단어를 순서대로 배열해 보세요.

> 문장의 첫 글자는 대문자로 쓰고,
> 문장 끝에 문장 부호를 쓰세요.

3. is | orange | an | there

> _____

4. chairs | are | there | three

> _____

5. was | yesterday | a | there | party

> _____

6. train | at | is | a | there | three

> _____

C. 주어진 문장을 지시대로 바꾸어 쓰세요.

7. There is a bookstore on the second floor.

   의문문 ➡

8. There weren't many forks in the sink.

   긍정문 ➡

9. There are some stores at the mall.

   부정문 ➡

10. There was a baseball game last week.

    의문문 ➡

D. 주어진 단어들을 이용하여 우리말에 맞게 문장을 완성해 보세요.

11. 오늘 밤 TV에서 축구 경기를 하지 않는다. ················· tonight

    ➡

12. 집에 누군가 있니? ··················· anyone

    ➡

13. 도서관에 사람들이 많았니? ··················· many

    ➡

맞힌 개수 : /**13**개

첫 번째 동사 **go**

이름 : _____

날짜 : _____

★ 우리말 뜻에 알맞은 영어 단어 또는 표현을 쓰세요.

1. 도서관	2. 교회	3. 월요일	4. 금요일	5. 일요일
_____	_____	_____	_____	_____

6. 나는	7. 너는	8. 그들은	9. 그는	10. 그것은
_____	_____	_____	_____	_____

11. 학교	12. 직장, 회사	13. 침대	14. 지하철	15. 발
_____	_____	_____	_____	_____

▶ 장소 표현

1. 거기에 _____

2. 밖에 _____

3. 외국에 _____

4. 위층에 _____

5. 아래층에 _____

6. 학교에 (공부하러) _____

7. 동물원에 _____

8. 침대에 (자러) _____

9. 직장에 (일하러) _____

10. 도서관에 _____

▶ 방법 표현

11. 버스를 타고 _____

12. 택시를 타고 _____

13. 기차를 타고 _____

14. 자동차를 타고 _____

15. 걸어서 _____

▶ 시간 표현

16. 어제 _____

17. 오늘 _____

18. 내일 _____

19. 월요일에 _____

20. 일요일에 _____

두 번째 동사 run

★ 우리말 뜻에 알맞은 영어 단어 또는 표현을 쓰세요.

1. 체육관	2. 은행	3. 해변	4. 길, 거리	5. 공원
_____	_____	_____	_____	_____

6. 운동장	7. 강	8. ~까지	9. ~에서, ~안에	10. ~을 따라
_____	_____	_____	_____	_____

11. 화장실	12. 버스 정류장	13. 복도	14. 아침	15. 밤
_____	_____	_____	_____	_____

▶ 장소 표현

1. 집까지	_____	6. 복도에서	_____
2. 가게까지	_____	7. 공원에서	_____
3. 은행까지	_____	8. 강을 따라	_____
4. 화장실까지	_____	9. 길을 따라	_____
5. 버스 정류장까지	_____	10. 해변을 따라	_____

▶ 방법 표현

11. 열심히	_____
12. 빨리	_____
13. 다시	_____
14. 천천히	_____
15. 아침에	_____

▶ 시간 표현

16. 저녁에	_____
17. 밤에	_____
18. 매일 아침	_____
19. 매일 저녁	_____
20. 매일 밤	_____

★ 우리말 뜻에 알맞은 영어 단어 또는 표현을 쓰세요.

1. 한국	2. 서울	3. 미국	4. 도심, 소도시	5. 시골, 국가
6. 나의	7. 너의	8. 그들의	9. 그녀의	10. 우리의
11. 가난	12. 희망	13. 가족	14. 친구	15. ~와 함께

▶ 장소 표현

1. 여기(에서) _____	6. 뉴욕에(서) _____
2. 근처에(서) _____	7. 미국에(서) _____
3. 어딘가에(서) _____	8. 캐나다에(서) _____
4. 서울에(서) _____	9. 도심에(서) _____
5. 한국에(서) _____	10. 시골에(서) _____

▶ 방법 표현

11. 행복하게 _____	16. 나와 함께 _____
12. 자유롭게 _____	17. 그의 가족과 함께 _____
13. 조용히 _____	18. 그녀의 가족과 함께 _____
14. 함께 _____	19. 가난하게 _____
15. 혼자 _____	20. 희망을 가지고 _____

네 번째 동사 be

이름:

날짜:

★ 우리말 뜻에 알맞은 영어 단어 또는 표현을 쓰세요.

1. 의자	2. 오렌지	3. 물	4. 시험	5. 야구
___	___	___	___	___

6. 사람들	7. 아이들	8. 누구, 아무	9. 약간의	10. 많은
___	___	___	___	___

11. 첫 번째의	12. 두 번째의	13. 세 번째의	14. 주	15. 하루, 날
___	___	___	___	___

▶ 장소 표현

1. 탁자 위에	___	6. 현관에[문밖에]	___
2. 바닥에	___	7. 파티에	___
3. TV에서	___	8. 싱크대 안에	___
4. 1층에	___	9. 쇼핑몰에	___
5. 2층에	___	10. 도서관에	___

▶ 시간 표현

11. 3시에	___	16. 어제	___
12. 7시에	___	17. 어젯밤(에)	___
13. 월요일에	___	18. 매일	___
14. 금요일에	___	19. 오늘 밤(에)	___
15. 지난주(에)	___	20. 매일 밤	___

go & come

이름:

날짜:

A. 주어진 단어를 사용하여 우리말에 맞게 문장을 완성하세요.

1. go

나는 집에 간다. _____

너희들은 도서관에 갔니? _____

2. goes

그는 학교에 간다. _____

그녀는 걸어서 간다. _____

3. went

그들은 외국에 갔다. _____

나는 버스를 타고 갔다. _____

4. come

그녀는 여기 오지 않는다. _____

그들은 집에 올 거니? _____

5. comes

그는 돌아온다. _____

그녀는 월요일에 여기에 온다. _____

6. came

우리는 어제 왔다. _____

그는 금요일에 왔다. _____

B. 다음 문장을 우리말에 맞게 주어진 단어를 이용하여 바꿔 쓰세요. 단, 부정문은 축약형으로 쓰세요.

> I go by bus.

> 앞 문장은 다음 문장의 힌트가 되므로 문제를 차례대로 푸세요.

1. 그녀는 버스로 간다.   she

_____

2. 그녀는 버스로 가지 않는다.   not

_____

3. 그녀는 택시로 가지 않았다.   did, taxi

_____

4. 그녀는 어제 택시로 갔다.   yesterday

_____

5. 그녀는 내일 택시로 갈 것이다.   will, tomorrow

_____

6. 그는 내일 올 건가요?   he, come

_____

7. 그는 금요일에 오나요?   does, Friday

_____

8. 그는 여기에 금요일에 온다.   here

_____

9. 그들은 어제 여기에 왔다.   they, yesterday

_____

10. 너는 오늘 위층에 왔나요?   you, upstairs

_____

run & walk

A. 주어진 단어를 사용하여 우리말에 맞게 문장을 완성하세요.

1. run

나는 버스 정류장까지 달린다. _____

그들은 매일 아침 달리니? _____

2. runs

그는 열심히 뛴다. _____

그녀는 운동장에서 뛴다. _____

3. ran

그녀는 강을 따라 달렸다. _____

그들은 다시 학교까지 뛰어갔다. _____

4. walk

너는 내일 걸을 거니? _____

나는 월요일에 걷지 않을 것이다. _____

5. walks

그는 매일 저녁 걷는다. _____

그녀는 공원에서 천천히 걷는다. _____

6. walked

그녀는 직장까지 걸어갔다. _____

우리는 어제 빨리 걸었다. _____

B. 다음 문장을 우리말에 맞게 주어진 단어를 이용하여 바꿔 쓰세요. 단, 부정문은 축약형으로 쓰세요.

We run fast.

앞 문장은 다음 문장의 힌트가 되므로 문제를 차례대로 푸세요.

1. 그는 빨리 달린다.　he

_____

2. 그는 빨리 달리지 않는다.　not

_____

3. 그는 복도에서 달리지 않았다.　did, hallway

_____

4. 그녀는 은행까지 달렸다.　she, bank

_____

5. 그녀는 아침에 달렸니?　did, morning

_____

6. 그들은 아침에 걸었니?　they, walk

_____

7. 그들은 공원에서 걷나요?　park

_____

8. 우리는 밤에 공원에서 걷는다.　we, night

_____

9. 우리는 매일 밤 걷지 않는다.　not, every

_____

10. 너는 해변을 따라 걷지 않을 것이다.　you, beach

_____

live & work

이름 :

날짜 :

A. 주어진 단어를 사용하여 우리말에 맞게 문장을 완성하세요.

1. live

그녀는 한국에 살지 않는다. _____

그들은 행복하게 살았니? _____

2. lives

그녀는 희망을 가지고 산다. _____

그는 혼자 산다. _____

3. lived

그는 미국에 살았다. _____

우리는 도심에서 살았다. _____

4. work

너는 너의 가족과 일하니? _____

그녀는 열심히 일할 것이다. _____

5. works

그녀는 근처에서 일한다. _____

그는 그의 친구와 일한다. _____

6. worked

그들은 어제 일했다. _____

우리는 미국에서 일했다. _____

B. 다음 문장을 우리말에 맞게 주어진 단어를 이용하여 바꿔 쓰세요. 단, 부정문은 축약형으로 쓰세요.

You live here.

앞 문장은 다음 문장의 힌트가 되므로 문제를 차례대로 푸세요.

1. 너는 여기에 사니?   do

    _____

2. 그녀는 여기에 사나요?   she

    _____

3. 그녀는 서울에 살았나요?   did, Seoul

    _____

4. 그녀는 (그녀의) 친구와 살았다.   friend

    _____

5. 나는 혼자 살 것이다.   I, alone

    _____

6. 그는 혼자 살지 않을 것이다.   he, not

    _____

7. 그는 시골에서 일하지 않을 것이다.   work, country

    _____

8. 그는 근처에서 일하지 않는다.   nearby

    _____

9. 그는 월요일에 일한다.   Monday

    _____

10. 그들은 어젯밤에 일했다.   they, last nignt

    _____

be

A. 주어진 단어를 사용하여 우리말에 맞게 문장을 완성하세요.

1. **is**

   월요일에는 파티가 없다. _____

   기차가 3시에 있다. _____

   집에 누군가 있니? _____

2. **was**

   3층에 누군가 있었다. _____

   지난주에 시험이 있었다. _____

   지난밤에 파티가 있었다. _____

3. **are**

   많은 가게가 있니? _____

   1층에 의자가 좀 있니? _____

   탁자 위에 컵이 세 개가 있다. _____

4. **were**

   쇼핑몰에 사람들이 많았다. _____

   집에 꽃들이 하나도 없다. _____

   그 동물원에 아이들이 좀 있었니? _____

B. 다음 문장을 우리말에 맞게 주어진 단어를 이용하여 바꿔 쓰세요. 단, 부정문은 축약형으로 쓰세요.

> There is a fork.

> 앞 문장은 다음 문장의 힌트가 되므로 문제를 차례대로 푸세요.

1. 컵이 세 개가 있다.　cup

   _____

2. 컵이 세 개가 없다.　not

   _____

3. 펜이 하나도 없었다.　any, pen

   _____

4. 탁자 위에 펜이 좀 있었나요?　table

   _____

5. 어제 시험이 있었나요?　exam, yesterday

   _____

6. 7시에 시험이 있나요?　seven

   _____

7. 7시에 파티가 있다.　party

   _____

8. 축구 경기가 없다.　soccer game

   _____

9. 오늘 밤에 축구 경기가 있다.　tonight

   _____

10. TV에서 축구 경기가 있었다.　TV

    _____

중학교 가기 전 꼭 짚고 가야 할 예비중 필수 학습서

기적의 트레이닝

문법과 독해의 정확성을 높여주는
동사의 3단 변화 연습서!

기적의 동사 변화 트레이닝

저자	대상 독자	쪽수	부속	가격
주선이	초등 5~6학년	152쪽	MP3 파일	13,000원

- 예비 중학생이 꼭 알아야 할 필수 동사 162개 수록
- 동사의 3단 변화형 학습으로 문법과 독해 실력 향상
- 162개 동사의 변화형을 마스터하는 종합 테스트 4회분 제공
- MP3 파일로 문장 예습·복습 가능

문법과 영작에 강해지는
확장식 문장 만들기 연습서!

기적의 영어 문장 트레이닝

저자	대상 독자	쪽수	부속	가격
주선이	초등 5~6학년	176쪽	MP3 파일, 부가 학습 자료	13,000원

- 예비 중학생이 꼭 써봐야 할 5형식 문장 826개 수록
- 5형식 문장 규칙 학습으로 기초 문법과 영작 실력 다지기
- 확장식 문장 만들기 연습으로 중학 영어와 서술형 영작 시험 대비
- 배운 내용을 점검할 수 있는 단어 테스트, 리뷰 테스트 온라인 제공